SOU ADVOGADO, E AGORA?

Gente
AUTORIDADE

CARO LEITOR,

ANDRÉ LUSO
Criador do movimento AdvogadosdeSucesso.com

Prefácio de **ROBERTO SHINYASHIKI**

SOU ADVOGADO, E AGORA?

Descubra os segredos que você ainda não aprendeu para construir uma carreira vencedora

Gente
AUTORIDADE

Diretora
Rosely Boschini

Editora
Franciane Batagin Ribeiro

Assistente Editorial
Rafaella Carrilho

Produção Gráfica
Fábio Esteves

Preparação
Amanda Oliveira

Capa e Projeto Gráfico
Thiago Barros

Diagramação
Vivian Oliveira

Revisão
Renato Ritto

Impressão
Edições Loyola

Rua Original, nº 141 / 143 - Sumarezinho,
São Paulo - SP, CEP 05435-050
Telefone: (11) 3670-2500
Site: www.editoragente.com.br
E-mail: gente@editoragente.com.br

Dados Internacionais de Catalogação na Publicação (CIP)
Angélica Ilacqua CRB-8/7057

Luso, André
Sou advogado, e agora?: descubra os segredos que você ainda não aprendeu para construir uma carreira vencedora / André Luso.
1. ed. – São Paulo: Gente Autoridade, 2021.
208 p.

ISBN 978-65-88523-09-4

1. Advocacia - Carreira 2. Advogados - Profissão 3. Direito - Orientação profissional I. Título

21-1005 CDD 340.0230981

Índice para catálogo sistemático
1. Direito: Orientação profissional: Carreira

NOTA DA PUBLISHER

Tornar-se advogado ou advogada é um dos sonhos profundos que permeiam o imaginário de milhares de pessoas. Contudo, nem todas conseguem materializá-lo em uma experiência de prosperidade, reconhecimento e valor.

Não à toa, *Sou advogado, e agora?* é tão relevante. Afinal, como transformar o sonho de uma profissão em uma carreira jurídica de sucesso? Aqui, você encontrará essa resposta. Descobrirá na leitura um guia fundamental para nortear suas escolhas, enfrentar as adversidades e jamais desistir. O leitor deste livro tem em mãos uma ferramenta poderosa para compreender seu propósito de carreira, as habilidades que o destacam e, naturalmente, as escolhas que trazem felicidade.

Não espere menos do que uma leitura excelente e transformadora. A realidade de uma carreira de um advogado tem muitas dificuldades e surpresas. Entretanto, André Luso lhe fornecerá uma oportunidade singular para iniciar sua jornada com mais confiança e serenidade. Com mais de dezesseis anos de experiência e fundador da renomada plataforma AdvogadosdeSucesso.com, Luso traz, aqui, com base na própria trajetória e em *cases* reais, as palavras e a altivez de um advogado de sucesso, que sabe o que fazer.

Boa leitura!

Rosely Boschini

CEO e Publisher da Editora Gente

Dedico este livro à memória de meu pai,
Celso Moreira (1949–2013), que me ensinou a
nunca esquecer das minhas origens,
e que sempre me dizia que relacionamento é poder.

AGRADECIMENTOS

Esta obra é resultado de muito aprendizado que tive nos meus mais de vinte e um anos de carreira, incluindo aqui a prática antes da advocacia. Cada palestra, cada consultoria, cada treinamento, cada mentoria, cada conversa contribuiu para que eu pudesse formular as ideias e tudo que já coloquei em prática orientando meus alunos. Por este motivo, devo meus agradecimentos a todos que cruzaram meu caminho nos meus quarenta e cinco anos de vida.

Em primeiro lugar, agradeço aos meus pais, Leila Moreira e Celso Moreira, que não mediram esforços para minha educação, uma educação raiz, com a qual me ensinaram sobre honestidade, transparência, relacionamento com pessoas, e que o conhecimento é o único caminho para se construir uma vida de sucesso, pois ninguém poderá roubá-lo de você.

À minha família que, com muito amor e muita conversa, me mostram diariamente, como um GPS, se estamos no caminho certo ou se precisamos de ajustes.

À minha filha Manuela Dias, a quem sempre chamei de "cachinhos dourados", e por quem sempre busco dar o melhor de mim, que sempre me ensina coisas novas.

Ao meu filho Pedro Dias, um guerreiro que sempre busca respostas comigo, pelo qual eu entrego também o meu melhor, e a quem sempre que eu envio um livro, está ali comigo.

À minha filha Bruna Roldan, que é a minha versão masculina em pessoa, com quem venho sempre compartilhando tudo ao meu redor.

Eu aprendo mais com vocês do que ensino, vocês são meu norte.

Cristiana Cury, você é a bússola em nossa navegação, sempre buscando o meu equilíbrio – que também é o seu. Obrigado por estar ao meu lado nessa montanha-russa. No dia em que eu estava escrevendo esses agradecimentos e você me trouxe um copo de achocolatado com bolachas açucaradas me deu certeza de que meu anjo da guarda estava ali comigo. Foi reconfortante ter você no leme quando precisei de isolamento para escrever, principalmente quando fomos para a cidade de Carabuçu.

Aos meus amigos, com quem troquei tantas reflexões, tantas conversas, de onde nasceu o projeto Advogados de Sucesso, até chegar neste livro.

A todos que duvidaram de mim, que me desacreditaram, que me humilharam e principalmente riram de mim, dizendo que eu não conseguiria. Vocês foram meu combustível para que isso tudo pudesse ser realizado.

A todas as minhas mentorandas e em especial a Gracileidy Bacelar, Tatiana Fortes, Jamila Etchezar e Janaina Policarpo por estarem comigo durante a jornada do livro e pelos encontros magníficos que tivemos e que ainda estão por vir, e uma frase se resume a isso: águias voam com águias. Minha eterna gratidão.

À Editora Gente, pelo apoio incondicional ao projeto deste livro, em especial a Rosely Boschini, Roberto Shinyashiki, Marcus Vinícius, Franciane Batagin, Rafaella Carrilho e a todos que indiretamente contribuíram para essa construção. Todos vocês foram inspiradores para dar um norte a esta obra.

E aos meus seguidores nas redes sociais. Sem suas dúvidas, críticas e comentários, eu não estaria aprendendo a cada dia.

SUMÁRIO

TREINAMENTO ON-LINE GRATUITO

Para complementar a leitura e aprofundar seu conhecimento neste conteúdo poderoso, você terá acesso ao curso "Como precificar e cobrar honorários advocatícios", no qual ensino o exato método que será capaz de transformar a sua vida financeira ao criar honorários de modo mais consistente.

O que você vai aprender nessas aulas exclusivas?

Aula 1: Entendendo a precificação
Aula 2: O segredo dos custos para lucrar
Aula 3: Ganhando dinheiro com a atividade intelectual
Aula 4: A tributação e a riqueza
Aula 5: Cobrando na prática
Aula 6: O segredo para ganhar mais
Aula 7: O que nunca falaram a você sobre lucratividade
Aula 8: Como cobrar até 4 vezes mais

Inscreva-se agora no treinamento pelo link www.advogadosdesucesso.com/curso-precificacao-de-honorarios ou utilize o QR Code ao lado.

SE VOCÊ NÃO QUER REFLETIR SOBRE
AS DECISÕES QUE PODEM MUDAR A
SUA ADVOCACIA, NÃO LEIA ESTE LIVRO.

PREFÁCIO

DE ROBERTO SHINYASHIKI

Pense em quantas pessoas você conhece – e em você mesmo – que estudam, se dedicam, trabalham arduamente todos os dias e, mesmo assim, atingem resultados pobres, não obtêm o reconhecimento que merecem e ficam estagnadas na mediocridade. Há muito valor sobre o trabalho, a dedicação e comprometimento – isso é certo. Contudo, na prática, sabemos que, sem resultados, essas competências pouco valem.

Como, então, reverter esse cenário?

A grande questão é descobrir o seu ponto cego. "Mas, Roberto, como eu encontro meu ponto cego?" Bom, em primeiro lugar, tenha em mente que o ponto cego reside em um estágio de não-saber, ou seja, trata-se de uma incompetência que você sequer sabe que ela existe. Isso o impede de alcançar e materializar o sucesso profissional.

Fundador da plataforma AdvogadosdeSucesso.com, o renomado advogado André Luso, ajuda há anos as pessoas a descobrirem seu ponto cego. Além de professor, André é *coach* e palestrante, tendo treinado mais de 13 mil pessoas.

Para André, o advogado deve passar de um estágio de incompetência inconsciente para um estágio de competência consciente, momento no qual ele automatiza as habilidades aprendidas e as incorpora em sua atuação pessoal e profissional.

No entanto, não basta somente encontrar o ponto cego. É preciso, também, ativar o modo criativo. Desde pequenos somos ensinados a viver no modo de sobrevivência, a fazer-nos desaparecer em meio ao rebanho. Acontece que, quem vive assim, acomoda-se, permanecendo na média.

É somente quando desativamos esse modo de sobrevivência, que conseguimos exercer a criatividade. Então, conseguimos pensar além, nos destacar, ou, como costumo dizer, atingir o próximo nível.

A minha vida inteira trabalhei – e sigo trabalhando – em como desbloquear as pessoas para que atinjam o resultado máximo: já são mais de vinte livros publicados, centenas de palestras e milhares de alunos de mentoria. E *Sou advogado, e agora?* traz exatamente isso: como destravar sua mente, ter os resultados que busca e, finalmente, obter valor enquanto profissional. Descubra seu ponto cego, ative o modo criativo e tenha o estilo de vida que você merece ter!

Além de ser um prazer enorme iniciar esta jornada com você, acredito fortemente que aproveitará cada página de conteúdo único que o André trouxe para alavancar a sua vida profissional. A sua carreira depende do primeiro passo que você está dando neste momento. Todas as ferramentas estão em suas mãos e a hora de usá-las é agora.

Aproveite a leitura. Um grande abraço para você!

INTRODUÇÃO

Vivemos em uma época em que dispomos de inúmeras possibilidades e oportunidades para alcançar nossos objetivos, inclusive na advocacia.

Pense neste livro como um guia para a construção da sua carreira jurídica. Ele irá ajudar a elevar seu valor como advogado, ensinando-o a encontrar o ponto cego da sua carreira e a gerar muitos insights para desenvolvimento das suas habilidades para lidar com clientes.

O objetivo é ajudar você a exercer uma carreira com prosperidade, dignidade e respeito, fazendo com que alcance novos patamares de sucesso, tanto na vida pessoal quanto na vida profissional.

O início de carreira costuma ser difícil para quase todos os advogados: prestar um concurso público, ir para um escritório, para uma grande empresa ou trilhar o caminho do empreendedorismo. Logo em seguida vem a dificuldade de se colocar no mercado, de como precificar e cobrar honorários, de como lidar com as novas tecnologias e com o maior medo da humanidade: falar em público. Esses fatores se acumulam e viram uma bola de neve se não forem tratados o mais rápido possível. Todos serão abordados neste livro.

O que fazer com a concorrência em uma área que conta com mais de 1 milhão de profissionais ativos?[1] Como se destacar no meio da multidão e

1 ORDEM dos Advogados do Brasil (OAB). Institucional / Quadro da advocacia. Brasília, 9 maio 2021. Disponível em: https://www.oab.org.br/institucionalconselhofederal/quadroadvogados. Acesso em: 9 maio 2021.

não ser apenas mais um advogado qualquer no mercado profissional? Vejo a todo momento colegas desanimados com a profissão por não conseguir prospectar clientes que podem pagar pelo real valor de seus serviços. Por muito tempo eu não dei valor a tudo isso que comentei anteriormente, já deixei muito dinheiro na mesa e abri mão do que merecia receber, só que agora não é mais assim e você terá acesso a todos os passos para uma mudança definitiva na sua carreira.

A construção deste livro foi feita com base nos desafios contínuos que encarei na vida, nos princípios e valores que herdei de meus pais e, principalmente, nas validações de estratégias que testei e que coloco em prática até hoje. Inspirei-me também nas milhares de histórias de advogados e advogadas que já treinei e que tiveram suas vidas transformadas depois de participar dos treinamentos da minha escola de advogados empreendedores, a AdvogadosdeSucesso.com.

A BASE DE TUDO

Meus pais foram muito rígidos em minha educação. Fui criado para a vida, sem muito chororô, algo que herdei deles e que defendo neste livro também, pois foi o que me trouxe até aqui. Tudo baseado nos "3Ms" e no "REP", que abordarei mais para frente e que farão parte do seu salto para o sucesso.

Aprendi que, por meio de trabalho árduo e repetição, é possível superar e anular os sentimentos de inferioridade e desmerecimento, e usar esse tempo para cultivar sentimentos de autoestima e autoconfiança. Conseguimos desenvolver qualquer qualidade necessária para o sucesso e para a felicidade.

Ao tirar os pés do freio subconsciente e colocá-los no acelerador consciente, avancei rapidamente na vida. Continuei assim, identificando e aliviando as dificuldades e limitações, melhorando a mim mesmo todos os dias, para me transformar na pessoa realizada e feliz que sou hoje.

A chave, a vela de ignição, foi o desenvolvimento consciente e a manutenção de altos níveis de autoconfiança e autoestima. Esse processo me ajudou a sair de 111 quilos para os meus atuais 85 quilos; e a superar a falência de três empresas, conquistando uma independência financeira na advocacia.

Não espere ler neste livro coisas bonitas para massagear o ego. Isso não vai pagar boletos nem dar uma real liberdade financeira. Se você acha que aqui terá a chave para o sucesso rápido, já deixo claro que está muito enganado. Posso garantir que não funciona assim. E como sei disso? Eu vivi a jornada e sei que é árdua.

RELACIONAMENTO É PODER (REP)

Certo dia, quando tinha 14 anos, disse para meu pai que queria trabalhar. Ele concordou e me disse para acordar às 6h da manhã no dia seguinte pois iríamos para centro da cidade visitar alguns clientes. Chegamos no local por volta das 7h da manhã, era um bar e lá estavam cerca de cinco pessoas.

Todos ficaram batendo papo e, em algum momento, começaram a jogar purrinha.[2] Aquela situação nada parecida com o que eu imaginava como trabalho durou umas duas horas, até que chegasse o horário das lojas abrirem.

Meu pai estava ali com os donos dos estabelecimentos daquela rua. De saída para as lojas, os donos entregavam um papel ao meu pai, que embolsava enquanto tomávamos café ali mesmo.

Ao chegar em casa, por volta das 11h da manhã, meu pai disse: "Filho, os papéis que me entregaram hoje é o que nos sustenta, complementado com o que sua mãe ganha". Aqueles papéis eram pedidos de material de construção, produtos que meu pai oferecia como representante de uma empresa chamada Astra Plásticos, localizada no Rio de Janeiro.

Meu pai finalizou essa conversa com: "Relacionamento é poder".

Meu pai faleceu em 2013 e, dois anos depois, em 2015, decidi escrever este livro. Naquele mesmo ano decidi que seria publicado pela Editora Gente, por toda a admiração que tenho pelo Roberto Shinyashiki. Ainda não

---

2 Purrinha, ou porrinha, é um jogo no qual os participantes escondem palitos de fósforos ou moedas nas mãos para que os demais jogadores tentem adivinhar a quantidade.

sabia como, mas me lembrei do que meu pai falava sobre relacionamentos. Busquei conhecimento e participei de treinamentos, inclusive com a própria família Shinyashiki. Eles não sabiam da minha existência, mas eu sabia que era possível pavimentar um caminho.

Hoje tenho a honra de lançar este livro pela Editora Gente, fundada pelo Roberto Shinyashiki, e de poder contribuir para o sucesso de milhares de advogados e advogadas com esta publicação. Durante a leitura você encontrará pílulas de motivação e insights que tive durante o processo de escrita e da minha jornada como advogado. Tome cada uma delas, pois conhecimento nunca é demais.

Nada melhor do que aprender com quem já esteve no fundo do poço, com quem precisou se desconstruir para se reconstruir e ter uma independência financeira.

Sua carreira pode ser mais.

A CRISE É A TEMPESTADE

Você já dirigiu na chuva? É preciso tomar mais cuidado, reduzir a velocidade, ter mais atenção, mas a chuva não impede a viagem. O avião, na chuva, continua a voar; o barco, mesmo no temporal, não deixa de navegar. A crise é a tempestade e a gente pode aprender a atravessá-la.

Pode ser que algumas das informações compartilhadas aqui passem a ser imediatamente úteis e você já comece a aplicar no seu dia a dia. Algumas pode ser que você só compreenda mais para frente. De tempos em tempos, folheie este livro e busque novos insights.

O André lá de trás não é o mesmo que está aqui com você hoje e não será o mesmo de amanhã. O que me trouxe até aqui não será o que vai me levar para o próximo nível. Quero convidar você a fazer o mesmo com sua carreira jurídica. Para isso, vamos começar com uma reflexão: Por que você levanta todos os dias e faz o que faz?

DESCREVA SEUS MOTIVOS AQUI:

CAPÍTULO 1

APRENDA A LIDAR COM A TEMPESTADE

Meu início de carreira foi de total falta de objetividade e previsão. Não sabia nem a ordem de importância, nem o motivo para alcançar o sucesso. Anos depois descobri que esses foram os principais motivos para a minha procrastinação e desmotivação. Vou falar mais para frente sobre uma fórmula valiosa para estabelecer e alcançar objetivos.

Tem uma frase que gosto muito e que ouvi em um seminário de um palestrante que, infelizmente, já não me lembro mais o nome: uma das piores formas de usar o tempo é fazer muito bem algo que não precisa ser feito. Gosto de usar aqui meu exemplo: certa vez algumas pessoas próximas me pediram para entender como funcionava um programa de edição de vídeo para Mac, já que eu sempre tive muita facilidade com softwares. Só que naquele momento esse aprendizado não ia agregar em nada em meus projetos e eu não iria usar nem para entrega de conteúdo para minha audiência, já que os programas que uso são todos para o sistema Windows. Tenho certeza de que se eu pegasse para fazer, iria fazer muito bem e até montaria um treinamento, mas valeria a pena?

Outro exemplo que segue a mesma linha de raciocínio é quando você abre sua caixa de e-mail ou vai ler suas mensagens de WhatsApp logo ao acordar. Sabemos o quanto é importante checar e-mails e mensagens, mas fazer isso logo depois de acordar poderá sabotar a programação do dia, a atividade física matinal ou até o café da manhã em família, por isso chamo de ladrão de energia. Evite ao máximo essas interferências na sua rotina.

"SE A ESCADA PARA O SUCESSO NÃO ESTÁ APOIADA NA PAREDE CERTA, OS DEGRAUS QUE SUBIMOS NOS LEVAM CADA VEZ MAIS RÁPIDO PARA O DESTINO ERRADO."

STEPHEN COVEY

Em janeiro de 2019 fui buscar um veleiro que havia acabado de comprar. Não sabia velejar e o acordo com o vendedor era que ele me ensinaria durante os dez dias que ficaríamos no mar. Fui chamado de louco por muitos, pois eu não sabia velejar e já no caminho para buscar o veleiro, se formava uma tempestade.

Quantas vezes alguém disse para você não fazer isso ou aquilo por puro medo ou limitação de pensamento?

Muitos pensam que velejar é sobre o vento e como ele empurra o barco e o leva aonde quer chegar. O que muita gente não sabe é que o barco não navega somente a favor do vento, também é capaz de velejar contra essa força. Velejar não é sobre o vento, mas sobre o velejador.

E essa relação é única. O velejador depende do vento, mas não consegue diminuí-lo se achar muito forte nem aumentá-lo se estiver fraco. Cabe, então, ao velejador aceitar que o vento será sempre seu parceiro, desde que saiba como se adaptar. A diferença entre um sopro a favor ou contra nunca estará no vento em si, mas sim em como o velejador ajusta as velas e se adapta ao tempo.

O que isso tem a ver com a construção de uma carreira? Tudo. Muitos estão vivendo de esperanças. Estão vivendo o medo de outras pessoas, muitos não sabem para onde ir ou por onde começar.

Nesse momento, somos todos velejadores enfrentando um mau tempo que veio sem anúncio. Reclamar do vento ou torcer para que o tempo melhore não vai mudar nada. É hora de unir a tripulação e, mais do que nunca, estar no mesmo barco. É preciso assumir o protagonismo da própria jornada, entender como o vento está mudando, ajustar as velas e fazer o planejamento de rotas em equipe e um dia de cada vez.

Aprenda a lidar com a tempestade, pois ela vai passar. Acredite.

Nesse exato momento você tem uma janela de oportunidade, um bom clima e pode fazer parte da minha tripulação. Tripulação essa que vai aprender a aplicar todos os ensinamentos deste livro. Não podemos controlar os ventos, crises, pandemias, perdas e derrotas, mas podemos sempre ajustar as velas, para chegar mais longe.

E, principalmente, chegar mais longe juntos. Só depende de você.

Ah! E sua janela de oportunidade fica aberta por pouco tempo. Decida mudar agora, e se comprometa a seguir todo passo a passo aqui. Escreva a seguir a data que pretende terminar de ler este livro:

EU ME COMPROMETO A TERMINAR A LEITURA ATÉ ____________________.

DESISTIR É UMA DECISÃO SUA

Quantas vezes você desistiu do que estava fazendo pelo simples fato de alguém estar incentivando essa escolha? O processo de escrever este livro me fez enxergar algumas coisas que não lembrava mais, me fez relembrar muitas memórias do meu pai. Ele sempre dizia que eu e minha mãe não tínhamos foco. Cresci ouvindo isso e, principalmente, ouvindo que eu desistia de tudo na vida. Uma frase que nunca esqueço dele é a seguinte: "Desejos e sonhos sem atitudes e ações, são apenas desejos e sonhos".

Até hoje isso me atinge quando estou iniciando um projeto e começo a ter dúvidas. Lembrar de meu pai me traz aquele turbilhão de memórias boas e desafiadoras, e sempre me pergunto: "Será que o subconsciente está me sabotando?". Você consegue identificar algo que esteja atrapalhando seu crescimento pessoal e profissional?

Eu não sei em qual momento da vida você está, mas quero falar de algo que venho lutando contra frequentemente: DESISTIR.

É exatamente isso que quero que faça: lute. Não desista, seja persistente, comece eliminando a palavra NÃO da sua vida. Independentemente do que está passando, continue sempre em frente. Você irá cair muitas vezes, escorregar, errar, e é natural que aconteça isso, mas erre rápido, levante rápido.

O que venho utilizando para lutar contra minhas incertezas, meus medos e minha vontade de desistir de tudo é a PERSISTÊNCIA. Nada no mundo se compara à persistência. Guarde essa palavra, é nela que penso sempre que tenho vontade de desistir.

É assim que venho fazendo em minha vida para obter melhores resultados. Agir com PERSISTÊNCIA levará qualquer pessoa, mesmo as sem talento inato, a obter resultados extraordinários. Eu só consegui resultados melhores porque não desisti dos meus objetivos.

Persistência é um caráter humano que não necessariamente precisa nascer com a pessoa. Você pode desenvolver esta habilidade. Você pode incorporar essa característica em seus traços pessoais com algum esforço, modificando alguns conceitos simples em sua vida. Foi nisso que trabalhei em um dos momentos mais desafiadores da minha vida.

A maneira como age é muito importante em toda sua vida e não foi de um dia para outro que mudei meus pensamentos, meu mindset. Foi principalmente a partir 2015, quando comecei a buscar histórias de pessoas que também vivenciaram o forte desejo de desistência.

Na época li um artigo da revista Superinteressante que dizia, com todas as letras, que Albert Einstein nem sempre foi considerado um "Einstein".[3]

Os professores não iam com a cara dele. Ele nunca suportou a sala de aula e só conseguiu se formar porque um amigo emprestava os cadernos para ele estudar antes das provas. O diploma até veio, mas não adiantou grande coisa: o rapaz ficou dois anos sem arranjar um emprego decente. "Não sabia de onde viria minha próxima refeição", lamentava.

Outra história interessante é a de Chris Gardner, que costuma dizer "Se eu consegui, então você também pode". Além de dormir na rua, passar fome

3 VERSIGNASSI, A. Quando Albert não era nenhum Einstein. **Superinteressante**, 21 dez. 2016. Disponível em: https://super.abril.com.br/blog/alexandre-versignassi/quando-albert-nao-era-um-einstein/. Acesso em: 9 maio 2021.

e frio, o maior sofrimento de Chris Gardner foi ter que ver o próprio filho passar por tudo isso também.

O último exemplo é de um educador físico, que depois virou advogado, empresário, ficou viúvo, teve uma filha que ama muito chamada Bruna, casou-se novamente e teve mais dois filhos que também ama, Manuela e Pedro. Perdeu o pai em agosto de 2013, na época em que os dois estavam mais conectados, e a consequência foi que, com esse abalo, as empresas que tinha com o pai faliram. Ele perdeu tudo, pensou em se matar e perdeu a esperança. Ficou sem chão na época, pois não suportou a perda do pai. Ele acreditava que nada poderia ser pior, mas não foi bem assim. Logo depois passou por um divórcio doloroso, onde a dor maior foi ficar longe dos dois filhos mais novos. Desiludido, foi para Manaus em uma forma de fuga, decidiu sair de cena e morar de favor. Muitas pessoas passam por isso e chegam até a entrar em depressão por não saberem lidar com os problemas que estão enfrentando.

Talvez você até conheça alguém que já passou ou está passando por isso. Cada um de nós tem as próprias batalhas. E assim como eles, você e eu temos as nossas. Essa última história é a minha.

Sendo bem direto, eu recomecei toda minha vida aos 40 anos, esse foi o marco para reconstruir tudo. Foi preciso me desconstruir para me reconstruir. Pode parecer clichê, mas às vezes é necessário que se faça isso. Desconstruir não significa destruir ou apagar sua história, alguém ou alguma coisa que você deseja esquecer. Isso só traz mais dor e mágoas que talvez não caibam mais em você, pois o leva a reviver mentalmente aquilo que não traz mais nada além de decepção e tristeza.

Reconstruir é saber se redesenhar, ficar melhor, aprender a crescer, valorizar quem merece ser valorizado, perceber com carinho quem nunca julgou suas atitudes e que não soltará sua mão, aconteça o que acontecer.

Não vou negar que foi um processo difícil. Sou igual a todos que não gostam de mudanças, mas precisamos ser PERSISTENTES em tudo que estamos dispostos. Eu fui persistente, assim como todos antes de mim e como você será de agora em diante.

Desconstruir é um processo longo, mas assim como toda grande jornada, começa por um primeiro passo. E esse primeiro passo, essa AÇÃO que quero do meu leitor é a de PERSISTIR.

Desenvolver a persistência é fundamental para se ter sucesso. Se você está com dificuldade para cultivar a persistência faça as seguintes perguntas a si mesmo:

- Qual é o resultado que quero alcançar?
- Minha vida será melhor se insistir até alcançar o meu objetivo?
- Se desistir, o que vou perder?

Persistir é uma escolha. Você pode escolher ser persistente ou pode escolher desistir. A decisão é toda sua. Não reclame dos resultados depois.

Hoje mesmo fiz essas perguntas antes de iniciar o trabalho com os projetos que tenho em andamento, pois estava totalmente travado e com um turbilhão de pensamentos e sentimentos. Como vê, é necessário persistir sempre.

O CORPO EM ESTADO DE EVOLUÇÃO

Os pensamentos e sentimentos sobre si e sobre o que você é ou não capaz de fazer são resultados de uma vida de experiências e condicionamentos. A grande realidade é que somos domesticados para ser parte de um rebanho, ou melhor, termos a cultura de rebanho. Isso mesmo, todos já tiveram e muitos ainda compartilham essa mentalidade. A cultura de rebanho nos deixa anestesiados por horas vendo Netflix, por acreditar que não devemos trabalhamos no final de semana, a ideia de que podemos comer porcaria aos sábados e que perder horas jogando em aplicativos é normal. Quantas pessoas acordam e continuam na cama?

Quando falamos de desenvolvimento pessoal, existe um princípio que diz que as pessoas estão em um processo contínuo de evolução e crescimento na direção em que seus pensamentos dominantes as levam. Você sabe para onde seus pensamentos estão indo?

Será que seus resultados não estão travados por isso?

Existe um estudo[4] que se baseou na medicina tradicional chinesa e na grega, e na qual a medicina antroposófica se baseia, que diz que nossa vida é dividida em dez fases de sete anos, ou seja, um novo ciclo é iniciado a cada sete anos e envolve mudanças e transformações nos mais diversos aspectos da vida. Uma das mudanças é fazer com que sejamos vigilantes de nós mesmo, para que possamos decidir cada vez melhor o que acontece a nossa volta, mantendo uma vida mais equilibrada, saudável, em constante mudança.

A evolução física é afetada pelo que comemos e a evolução mental é amplamente afetada pelos nossos pensamentos e ações. Se você passa a ter ações negativas depois de andar com pessoas negativas e que reclamam de tudo ou se viveu a vida toda assim, já pode imaginar o estrago interno feito em você.

VOCÊ É O QUE VOCÊ PENSA

Qualquer coisa que pensamos se torna realidade, essa é a famosa Lei da Atração. Tudo que você pensa com intensidade e por bastante tempo acaba se tornando parte de seus processos mentais, exercendo influência e poder em suas atitudes e comportamentos dali para frente. Quanto mais pensar na pessoa que gostaria de ser e nas qualidades que queria ter, mais profundamente esses pensamentos criarão raízes no subconsciente e se tornarão parte da sua evolução.

---

4 CEARÁ, N. Conheça a teoria dos setênios: de 7 em 7 anos a sua vida muda completamente. **Portal Amigo do Idoso**, 10 mar. 2018. Disponível em: https://portalamigodoidoso.com.br/2018/03/10/conheca-teoria-dos-setenios-de-7-em-7-anos-sua-vida-muda-completamente/. Acesso em: 7 maio 2021.

PARA SE TER SUCESSO,
É PRECISO COMPREENDER
QUE EXISTEM CICLOS DURANTE A
JORNADA. COM O CONHECIMENTO
APROPRIADO E A ATITUDE INTENCIONAL
ADEQUADA, SOMOS CAPAZES DE
FAZER COM QUE ESSES CICLOS
ATUEM EM NOSSO FAVOR.

É uma grande verdade que o que você pensa, habitualmente, constrói caráter e personalidade. As pessoas ainda possuem muitos pensamentos errados sobre elas mesmas. Vou ilustrar a seguir e ao longo do livro pequenos diálogos que costumo ter presencialmente ou virtualmente em meu evento chamado Conexão Jurídica.

CONEXÃO JURÍDICA

SITUAÇÃO 1

ANDRÉ: QUANTO VOCÊ QUER GANHAR DE HONORÁRIOS AINDA ESTE ANO?

ADVOGADO(A): AH, NÃO DÁ PARA GANHAR MUITO, MORO NO INTERIOR.

SITUAÇÃO 2

ANDRÉ: COMO VOCÊ VÊ A SUA ADVOCACIA?

ADVOGADO(A): TEM MUITOS ADVOGADOS, O MERCADO ESTÁ SATURADO.

SITUAÇÃO 3

ADVOGADO(A): ANDRÉ, EU QUERO GANHAR MAIS NA ADVOCACIA.

ANDRÉ: QUANTO É MAIS? EM QUANTO TEMPO PRETENDE CHEGAR NESSE VALOR?

SILÊNCIO...

SITUAÇÃO 4

ADVOGADO(A): ANDRÉ, EU QUERO TRIPLICAR MEU FATURAMENTO EM DOZE MESES.

ANDRÉ: QUAL A SUA ESTRATÉGIA PARA ISSO?

ADVOGADO(A): DEIXA EU EXPLICAR...

Fica claro que as pessoas desses exemplos estão completamente limitadas em pensamentos e estão sendo moldada por eles. É sua responsabilidade saber quem você é. Os pensamentos determinam aonde quer chegar e no que irá se tornar. A pessoa que você é hoje é resultado de todos os pensamentos cultivados nos últimos meses e anos.

Vamos imaginar agora que as pessoas desses exemplos já trabalharam os sentimentos e pensamentos. Elas irão precisar agora pensar em duas situações:

- Ainda quero isso para minha vida?
- O quanto estou comprometido a fazer isso até o fim?

Gosto de usar como exemplo a influência que venho tendo com meus filhos. Eles podem não saber, mas sempre estou ali, nutrindo-os com tudo que posso: um texto, um vídeo e até mesmo um livro, como veremos no decorrer desta leitura. É uma forma de moldá-los para que saibam fazer essas reflexões quando necessário.

O fato de estar em constante evolução faz com que cada pensamento continue a nos moldar. Isso é um fato inevitável; logo, o mais inteligente a se fazer agora é insistir em pensamentos sobre o tipo de pessoa que almeja ser.

Não vou negar que existe uma cobrança externa enorme de nossos resultados. Talvez você esteja passando por isso agora em algum aspecto da sua vida. Essa cobrança vem dos pais, do parceiro ou parceira, do trabalho, de amigos, de todo lugar. Só que quando estamos perdidos sem saber para onde ir, isso gera um grande sofrimento, angústia, ansiedade e abre caminho até mesmo para uma depressão. Quando entramos nesse processo, as decisões tomadas são incongruentes pois serão baseadas no outro e não em você.

CASE 1

ELA SERIA UMA ADVOGADA EXEMPLAR

MÁRCIA É BACHAREL EM DIREITO E CORRETORA DE IMÓVEIS, TEM DUAS FILHAS LINDAS E É CASADA. OS PAIS E O MARIDO TAMBÉM SÃO CORRETORES DE IMÓVEIS. DURANTE MUITOS ANOS ELA DESEJOU ADVOGAR, MAS VIVEU A VIDA SEGUINDO AS DECISÕES TOMADAS PELOS PAIS E PELO MARIDO.

Márcia não coloca toda sua energia como corretora de imóveis. Seus pais e marido colocaram na cabeça dela que trabalhar com imóveis era o melhor que ela tinha a fazer. Ou seja, ela vive a partir de decisões tomadas com base nos outros, nos valores dos outros.

Não se tornou a advogada que sempre sonhou e não viveu de seu talento maior. Um baita desperdício. Quando questionada sobre a decisão, responde: Uma corretora de imóveis ganha mais dinheiro que uma advogada.

Márcia é mais uma das centenas de milhares de pessoas no mundo que não segue o talento natural, que baseia sua vida na opinião dos outros e em padrões estabelecidos pela sociedade. Suas decisões foram baseadas nos valores do outros e não nos dela. Ouviu e seguiu o conselho de quem disse que ser corretora de imóveis traria mais dinheiro. Acreditou nisso e virou verdade, de alguma maneira.

A falta de clareza deixa você vulnerável ao ponto de você tomar decisões com base em terceiros e isso nem sempre é satisfatório.

SUAS FRAQUEZAS, SUAS INCOMPETÊNCIAS

Em 2011, quando eu prestava assessoria jurídica para um condomínio na Barra da Tijuca, no Rio de Janeiro, me fiz essa pergunta: "Como me tornar um advogado de sucesso?".

Estava cansado de ser um advogado comum como todos os outros, cansado de viver na média, já que média para mim era sinônimo de mediocridade, e buscava viver acima da média. A partir de então, comecei a refletir sobre a minha carreira e prestar mais atenção em mim, nas oportunidades que apareciam e em quais competências eram necessários investimentos para que obtivesse resultados melhores para viver acima da média.

Eu queria descobrir o que me impedia de crescer, então iniciei uma lista do que eu precisava melhorar. Descobri que existiam várias habilidades que eu não dominava e outras tantas que precisava potencializar. Veja abaixo tudo que escrevi em meu E.I. (espaço de insights) na época, talvez você se identifique com alguns desses pontos:

- Planejamento;
- Oratória;
- Comunicação;
- Marketing pessoal;
- Precificação de honorários;
- Gestão financeira;
- Empreendedorismo;
- Divulgação da minha advocacia;
- Fechar contratos rapidamente;
- Mídias sociais;
- Criação de campanhas;
- Inteligência emocional;
- Colocação no mercado;
- Prospecção de clientes;
- Formato de escritório;
- Gestão de processos;
- Definir áreas de atuação;
- Lidar com novas tecnologias;
- Construção de site;
- Produção de conteúdo;
- Gravação e edição de vídeos;
- Técnicas de venda;
- Mindset de sucesso.

EXERCÍCIO:

Escreva abaixo quais são as suas incompetências – ou então, habilidades que precisam ser mais bem dominadas.

______________________ ______________________

______________________ ______________________

______________________ ______________________

______________________ ______________________

______________________ ______________________

Nesse processo eu descobri também os três principais problemas-âncoras que não me deixavam dar o próximo passo, seguir em frente e que, se eu continuasse repetindo, estaria fadado ao fracasso na tentativa de obter melhores resultados.

O primeiro deles é que eu estava tomando decisões com base em outras pessoas, havia esquecido dos valores e princípios que herdei de meus pais. Este erro me tornou prepotente, agressivo, impaciente, intolerante e arrogante. E as consequências foram negativas até perceber e decidir resolver essa questão em minha vida.

É preciso tomar cuidado para não potencializar sofrimentos, por exemplo seguindo algum *influencer* que o deixa para baixo por fazer mais sucesso ou por ter mais seguidores que você. Joel Moraes fala sobre esse assunto na obra *100% presente*,[5] quando trata do assunto "seguindo gente feliz e se sentindo mal", ninguém mostra suas dores, falhas, medos, derrotas, dúvidas etc. nas redes sociais.

O segundo problema foi a falta de clareza. Eu não sabia aonde queria chegar em minha carreira, fui vivendo cada dia. Como não tinha clareza, não

---

5 MORAES, J. **100% presente**: o poder da disciplina, do foco e dos minihábitos para conseguir realizar seu potencial máximo. São Paulo: Gente, 2019.

tinha metas nem estratégias e, mais uma vez, as decisões eram tomadas com base na opinião dos outros.

O terceiro e não menos importante foi o que mais vivenciei em minha vida, pressão por ser multitarefas. Sabe aquela pessoa que jura ser capaz de conversar ao mesmo tempo que não desgruda do celular? Eu era assim.

Lembro-me diversas vezes de estar em projetos tentando fazer tudo ao mesmo tempo: com duas telas abertas no navegador, lendo dois ou três e-mails para logo responder. Eu ouvia áudio de WhatsApp e ao mesmo tempo lia um e-mail que acabara de chegar, também falava ao telefone enquanto respondia e-mails. Eram comportamentos que já estavam em um piloto automático, e isso me impedia de crescer. Talvez você também esteja travado em alguma coisa na sua vida por algum desses motivos e nem sabe ainda. Eu tenho uma pergunta para você agora:

QUE TIPO DE PROFISSIONAL NA ADVOCACIA VOCÊ QUER SE TORNAR?
SEJA RICO EM DETALHES. LEMBRE-SE DE DAR O COMANDO CERTO PARA SUA MENTE.

____

____

____

____

____

____

Quando você pega um quebra-cabeça e não tem a imagem na capa, concorda que fica muito difícil de montar? Com a nossa vida é a mesma coisa. Quando você tem a visão geral e consegue visualizar um objetivo claro, as decisões do dia a dia ficam muito mais fáceis, pois estarão alinhadas com aos objetivos que deseja alcançar em sua vida.

A FALTA DE CLAREZA É PARALISADORA

"PARA VENCER, É PRECISO TER ALGUMAS QUALIDADES: CLAREZA DE PROPÓSITO, CONHECIMENTO DO QUE SE QUER E UM DESEJO INSACIÁVEL DE ALCANÇAR SEU OBJETIVO."

NAPOLEON HILL[6]

É um fato que, em todo processo de mudança, precisaremos de alguns ingredientes, como se fossemos seguir uma receita. Identifique primeiro qual é a situação atual, onde e como você se encontra. O segundo ponto a se identificar é onde você quer chegar verdadeiramente, afinal, se não sabe exatamente para onde quer ir, o caminho não fará nenhuma diferença. O último ponto é traçar uma estratégia para chegar lá, pensando em um plano de ação.

Quando fui velejar sozinho pela primeira vez, a primeira coisa que fiz foi ligar o GPS e incluir as informações da minha localização naquele momento e em seguida, colocar o meu destino. Estava em Ilha Grande, na praia do Abraão, e meu destino era Rio das Ostras, na Região dos Lagos do Rio de Janeiro. O GPS me deu as coordenadas mais seguras e mais rápidas para o caminho naquele momento. É assim que você fará com sua vida a partir de agora. Precisará seguir coordenadas para alcançar resultados extraordinários na sua carreira.

6 TRACY, B. **Comece pelo mais difícil.** Rio de Janeiro: Sextante, 2017.

CASE 2

PEDRO E O PROPÓSITO

ERA UM DOMINGO ENSOLARADO E ESTÁVAMOS INDO PEDALAR, COMO SEMPRE: EU, PEDRO E MANUELA, MEUS AMADOS FILHOS. COMEÇAMOS PELA DEGUSTAÇÃO DE UM PASTEL COM CALDO DE CANA EM UMA FEIRINHA QUE VENDE LANCHES E TEM UMA FAZENDINHA, ONDE A MANU SEMPRE ALIMENTAVA OS BODES.

Ao sair da feirinha, começamos nossa pedalada e a Manu já estava lá na frente, como sempre: tudo é competição para ela. Foi nesse momento que Pedro olhou para trás e me perguntou:

— Pai... você me ajuda a ter sucesso na vida?

Eu disse:

— Isso depende muito do tipo de pessoa de sucesso que você deseja ser. O que você quer fazer?

Pedro respondeu:

— Eu quero ter sucesso. Não importa o que for. Quero ter tanto sucesso que não consiga andar pelo shopping.

E então expliquei:

— Se você não sabe que tipo de pessoa de sucesso quer ser, não sabe o que fazer nem sabe para onde ir, qualquer caminho servirá. Você precisa traçar um destino agora, filho. É preciso ter clareza para alcançar o sucesso.

Naquele momento, Pedro não tinha clareza de propósito, nem conhecimento do que queria. É muito mais difícil chegar em algum lugar quando você não sabe o caminho, concorda?

Essa história com meu filho mexe muito comigo. O Pedro estava cada vez mais interessado pelo que eu fazia com as pessoas. Em outra conversa ele falou para mim: "Pai, se você consegue fazer com que as pessoas tenham sucesso, imagina o que fará com seu filho!".

Nesse momento eu percebi que deveria ensinar a primeira lição para ele sobre o sucesso. Perceba que Pedro falava em TER sucesso. Aproveitei que ele estava aprendendo inglês e expus as estrutura abaixo:

T-B-D-H

TO BE | TO DO | TO HAVE

SER | FAZER | TER

Antes de termos uma carreira de sucesso, é preciso SER uma pessoa de sucesso, com um comportamento de sucesso. Precisamos SER uma pessoa de valores, SER transparente, SER uma pessoa com ética. Depois vamos precisar FAZER muito pelas pessoas, e somente mais tarde poderemos TER o que queremos.

Disse ao Pedro que guardasse isso como ensinamento para colocar em prática no dia a dia, e isso serve para ele, para mim e para você, leitor.

Facilmente encontramos advogados com algumas dificuldades para estabelecer um foco. São tantos os objetivos que eles nem sabem por onde começar. Quando questionados sobre o que pretendem, costumam dar respostas amplas e abertas demais. Como por exemplo: ser feliz, ser um advogado de sucesso, ter muitos clientes... igual ao meu filho Pedro, que queria ter sucesso mas sem identificar como. Todos nós desejamos a felicidade, mas muitas vezes as pessoas optam por essa resposta genérica justamente para evitar pensar em algo mais específico que precisa de um grande planejamento.

O QUE ME FEZ PERDER TEMPO

A pessoa também pode realmente desconhecer o lugar aonde deseja chegar ou qual objetivo alcançar. Isso é consequência de um estilo de vida no modo automático, sem tempo para reflexões sobre o que realmente é importante. As respostas evasivas também acontecem quando o advogado tem muitos objetivos, mas pouco foco. Você conhece alguém que tenta fazer tudo ao mesmo tempo?

Até os meus 35 anos, eu repeti os padrões comportamentais de meus pais, e algo que me fez perder muito tempo foi querer ser multitarefa assim como minha mãe. Ela é assim até hoje, e eu só consegui me libertar quando identifiquei que isso me prejudicava muito. Então se você é daqueles que abre várias abas no navegador, seja bem-vindo ao time dos multitarefas.

Ainda hoje eu vejo minha mãe repetir esse hábito diariamente. Certa vez observei uma de suas manhãs: ela acordou e ficou mexendo no celular; colocou água para fazer café e, mexendo no celular, ligou a máquina de lavar roupa. Para aproveitar o tempo, decidiu varrer o quintal com o celular na mão enquanto via um vídeo, e em seguida a vizinha chamou. Depois eu gritei avisando: "Mãe, a água para o café evaporou!". Ela veio correndo, largou a vassoura, encheu a panela de água, a vizinha a chamou outra vez... deu para sentir o drama? Isso se repete todos os dias, pois ela já está no piloto automático e, por mais que eu tente falar, ela cai sempre na mesma rotina confusa.

Existem diversos estudos a respeito do mito da multitarefa, um deles é o do neurocientista francês Jean-Philippe Lachaux, pesquisador do Instituto de Saúde e Pesquisa Médica de Lyon (Inserm), na França. Ele explica os mecanismos cerebrais da atenção e explica por que não podemos (ou não deveríamos) fazer várias coisas ao mesmo tempo.

Apesar do que muitos acreditam, é impossível para a mente humana realizar duas tarefas intelectualmente estimulantes em conjunto, mesmo que o mundo digital e tecnológico diga o contrário. O cientista diz que até aquelas pessoas que juram que conseguem usar o celular e realizar uma segunda tarefa estão negligenciando uma (ou até as duas) atividade, fazendo com menos atenção do que deveriam. Lachaux explica:

> Há duas maneiras de ser multitarefa. A primeira é executar duas ações simultaneamente, sendo que uma delas deve ser automática. Dirigir ouvindo rádio, por exemplo, ou andar de bicicleta e cantar. Agora, fazer duas coisas ao mesmo tempo que precisam de atenção, como verificar e-mails durante uma reunião, exige que você alterne rapidamente o foco: ouvir o que a pessoa está dizendo e discretamente verificar suas mensagens ao mesmo tempo.[7]

Essa alternância de atenção dificulta a capacidade de compreensão e concentração nas ações que estão sendo executadas simultaneamente, e o cientista afirma que, por mais que a situação possa parecer prática, agir dessa maneira a longo prazo vai contra a nossa natureza cerebral.

Resumindo, você pode até fazer várias tarefas importantes, mas reserve um horário para cada e evite mais de uma ao mesmo tempo, dessa forma a sua produção será mais rápida e eficiente.

HABILIDADES DE SOBREVIVÊNCIA

Você tem habilidades de sucesso? Se respondeu sim, provavelmente está muito enganado. É a grande realidade e vou explicar agora o porquê isso acontece.

Você só consegue entrar no modo de criação quando não está no modo de sobrevivência, porque sobreviver é mais forte. Eu passei por isso durante

7 NEUROCIENTISTA francês desmonta mito do 'multitarefa' e explica mecanismos cerebrais da atenção. **G1**, 18 mar. 2018. Disponível em: https://g1.globo.com/ciencia-e-saude/noticia/neurocientista-frances-desmonta-mito-do-multitarefa-e-explica-mecanismos-cerebrais-da-atencao.ghtml. Acesso em: 9 maio 2021.

alguns anos da minha vida, travei em vários momentos que precisava de criatividade porque estava apenas sobrevivendo.

Em alguns casos, a garantia da sobrevivência poderá também aprisionar, fique muito atento a isso. Vou dar um exemplo prático: certa vez fui morar com minha mãe e ela bancava todas as contas da casa, pois eu estava passando por uma situação complicada. Depois de um tempo percebi que estava aprisionado ali, acomodado, pois meu modo de sobrevivência estava sendo garantido por ela. Saiba sair dele o quanto antes.

Quais são as habilidades com as quais você deveria estar mais preocupado ou preocupada?

Eu sempre fui obstinado a fazer as pessoas serem tudo aquilo que elas almejam, e você precisa desenvolver a habilidade de ser obstinado. Vou além: somente quando você se transforma em tudo aquilo que seu potencial permite é que você começa a ter os resultados de uma vida extraordinária.

As pessoas costumam dizer assim: um dia eu vou ter resultado e vou viver fora da média. Caramba, está errado! É ao contrário: você primeiro precisa viver fora da média, mostrar tudo aquilo que pode ser e só aí os resultados começarão a vir.

Passei boa parte da minha vida vivendo longe daquilo que eu poderia ser, dizendo que um dia teria uma vida extraordinária, mas os resultados nunca vinham e meus resultados nunca ultrapassavam aquilo que era esperado. Quando eu arregacei as mangas, topei pagar o preço, fui e fiz acontecer, aí sim passei a viver fora da curva, foi quando minha vida mudou.

Quando aceitar o convite para alcançar seu potencial, responder ao chamado para ser tudo aquilo que você pode ser, fazer diferença na vida da sua família, dos seus amigos, das pessoas ao seu redor, na sua própria vida e dar orgulho ao seu criador, aí sim, finalmente, começará a ter resultados extraordinários.

Queria explicar melhor o que é a habilidade de sobrevivência e dizer que talvez essa não seja a habilidade mais importante da sua vida. Por exemplo, nós advogados, por sobrevivência, precisamos fazer uma faculdade de Direito e estudar bastante para passar na Ordem dos Advogados do Brasil (OAB); isso é sobrevivência, isso não o faz um advogado de sucesso. O simples fato de ter estudado na melhor faculdade do Brasil também não o faz um advogado de sucesso automaticamente. Dentro da plataforma AdvogadosdeSucesso.com temos exemplos de centenas de advogados que estudaram em faculdades particulares meia-boca, porque sabemos que elas existem, e que possuem extremo sucesso na carreira. Mas como assim, André? Isso é possível? Claro que é. Eles superaram o ensino meia-boca e a habilidade de sobrevivência. Eles foram para o próximo nível.

Outro exemplo é quando nossos filhos aprendem a ler e escrever, que são habilidades de sobrevivência. Mesmo errando, seguem fazendo e crescendo, mas isso não quer dizer que essa habilidade garanta resultados.

A habilidade que o mundo quer ensinar é a de sobrevivência. E quem sobrevive é o rebanho, quem permanece é o rebanho, rebanho não dá dor de cabeça, rebanho não incomoda, rebanho não atrapalha ninguém, então quanto mais dentro do padrão de rebanho nós formos criados, menos vamos incomodar. O sistema prefere rebanho, e assim como o rebanho, eles instalam na maioria da população o comando para ficar no automático. Sabe quando você aperta a tecla "A" no teclado do celular e já aparecem algumas palavras? É isso. É o que o sistema faz com a gente, cria comandos para agirmos de uma forma, e aprendemos isso desde a escola.

O QUE SÃO HABILIDADES DE SUCESSO? Por que, às vezes, o advogado formado na faculdade meia-boca se dá melhor que o advogado da faculdade top de linha? Quero deixar claro que estou falando de sucesso agora, das habilidades do sucesso que são bem diferentes do aprendizado de uma sala de aula. Por exemplo, quando você lê este livro, vai ao evento Conexão Jurídica por três dias ou participa da comunidade AdvogadosdeSucesso.com, você evolui anos em meses, ou até em dias, porque, a partir do meu método, ensino as habilidades do sucesso, a ser o que você já é, só que você aprende como ser acima da média e, principalmente, como se manter lá.

Hoje eu acordei, escrevi dez páginas deste livro, participei de uma reunião agendada, fiz minha *live* diária no Instagram, gravei meu vídeo de toda quarta-feira para o YouTube e combinei com minha filha Manuela de buscá-la para passar uns dias comigo nas férias. Isso tudo é um exemplo de comprometimento. Meus filhos cobram, os clientes cobram e você precisa se cobrar também, o comprometimento é uma habilidade do sucesso.

Pense comigo agora, quanto mais sucesso você teria na sua vida se tivesse feito tudo aquilo que planejou?

Você escreveu a data que terminaria de ler este livro no início deste capítulo, lembra? Aproveito para deixar outra pergunta, quando vai começar a aplicar tudo que está lendo aqui?

PRETENDO COMEÇAR A APLICAR O QUE APRENDI ATÉ AQUI EM: ____________ .

Alguns advogados e advogadas que passaram pela minha mentoria não eram os mais brilhantes, mas eram obstinados, focados, falavam e faziam. Alguns profissionais tinham até outra habilidade de sucesso: o entregar mais, entregavam mais do que era pedido e, claro, tinham resultados melhores do que os outros. Foi assim comigo também, sempre fui um aluno mediano para baixo na escola, cheguei a reprovar no ensino médio. Na faculdade também não me destaquei, mas é só uma questão de percebermos o que será necessário aprender, que é mais do que as habilidades das salas de aula, o que exemplifico aqui no livro. Em alguns casos, o reaprendizado vai estar no readaptar o que você sabe para uma nova realidade. Falo isso, porque os empregos mudam, as situações mudam o tempo todo e você deverá saber lidar com essas novidades.

"OS ANALFABETOS DO SÉCULO XXI NÃO SERÃO AQUELES QUE NÃO SABEM LER E ESCREVER, MAS AQUELES QUE NÃO PODEM APRENDER, DESAPRENDER E REAPRENDER."

ALVIN TOFFLER

Existem diversas outras habilidades importantes para o sucesso. A seguir vou citar algumas que desenvolvi e são imprescindíveis na construção de uma carreira sólida, então busque você também se aprimorar nessas áreas: comunicação oral e escrita, poder de negociação, persuasão, pensamento crítico, inteligência emocional, trabalho em equipe, visão de negócio, flexibilidade cognitiva, entre outras tantas não elencadas aqui.

Meu objetivo aqui é despertar você, é fazer um chamado, seja aqui, na plataforma AdvogadosdeSucesso.com, no evento Conexão Jurídica ou nas mídias sociais, para que fique atento às oportunidades de triunfo que a vida possibilita. Somos treinados para ter habilidades de sobrevivência e não habilidades de sucesso, lembre-se disso, fique atento e observe o seu entorno.

Quero fazer um convite agora para que assista à aula sobre as dezoito habilidades que todo advogado de sucesso tem. Basta acessar **www.andreluso.com.br/as-18-habilidade-do-advogado-de-scesso** ou usar o QR Code ao lado.

Guarde o seguinte: não existe gênio acidental, qualquer pessoa que atingiu um resultado extraordinário chegou lá intencionalmente, foram ações realizadas diversas vezes até a perfeição. Simplesmente querer chegar lá não é suficiente. Um aspirante a gênio também precisa de uma estrutura teórica, uma bússola básica para lhe dar a direção, um conjunto de habilidades para guiar o caminho a trilhar.

Isso faz sentido para você?

É IMPOSSÍVEL PROGREDIR SEM MUDANÇAS

"É IMPOSSÍVEL PROGREDIR SEM MUDANÇAS, E AQUELES QUE NÃO MUDAM SUAS MENTES NÃO PODEM MUDAR NADA."

GEORGE BERNARD SHAW

O que vou escrever aqui é uma realidade para muitos e, durante muito tempo, também foi a minha. E posso garantir que até hoje muitos a minha volta ainda pensam assim.

Passei boa parte da vida ouvindo e, consequentemente, reproduzindo o discurso que isso era caro, que aquilo era para rico, que não poderia comprar isso e aquilo, ou seja, o meu modelo mental foi sabotado, lá atrás, e eu repeti esse padrão por muitos anos.

O fato é que os advogados e advogadas bem-sucedidas se comunicam, pensam, se comportam e se sentem de maneira diferente dos profissionais malsucedidos, ou seja, aqueles que são pobres em seus resultados financeiros, são pobres porque pensam, falam, comportam-se e sentem-se efetivamente pobres. Isso acontece também com as pessoas que vivem na média: são medíocres em tudo que fazem, pois vivem dentro dessa categoria.

Guarde isso: comunicamos as verdades que estão dentro de nós.

Isso é um modelo mental, que é a combinação dos atos de comunicação, pensamento e sentimento frequentes e corriqueiros de uma pessoa. Tudo isso junto produz as próprias crenças de cada um. As crenças, ou os programas mentais, podem ser reformulados quando modificamos qualquer um desses três canais neurológicos.[8]

Por exemplo, se a minha comunicação financeira for negativa, vou gerar apenas crenças e resultados negativos. Agora, se meus pensamentos forem positivos, as crenças e resultados também serão, e em relação aos sentimentos também funciona dessa maneira.

8 VIEIRA, P. **Criação de riqueza:** uma metodologia simples e poderosa que vai enriquecê-lo e fazer você atingir seus objetivos. São Paulo: Gente, 2019.

O ERRO FATAL QUE TODO ADVOGADO COMETE

Logo que peguei minha OAB em 2006, tinha o seguinte pensamento: não devo ganhar muito dinheiro como advogado, mas vou levando minha advocacia até onde for possível. Vamos ver o que vai dar.

Em 2008 ganhei uma ação que me gerou bons honorários, mas o pior aconteceu: fui tributado em 27,5% pela Receita Federal. O problema inicial aqui foi não ter aberto uma empresa para gerir a minha advocacia e continuar a usar minha conta pessoal para receber meus honorários como pessoa física. A consequência disso foi a tributação altíssima.

Estranhamente, é muito comum ouvir que há advogados e advogadas que roubam a própria empresa, sangrando o caixa todos os dias com retiradas para pagar suas contas pessoais. São pessoas desorganizadas como eu já fui, irresponsáveis e péssimas gestoras. Elas pagam as contas da empresa com o cartão de crédito pessoal e, no caso de já terem uma empresa aberta, a pessoa jurídica paga o carro de uso pessoal, as roupas e as viagens.

Durante boa parte da minha advocacia, eu fiz tudo errado. Na época em que mexia na minha conta pessoal como se fosse a da empresa, era uma bagunça. O resultado dessa confusão financeira é um só: você quebra. Você levará a falência a pessoa física e a jurídica juntas. Como sei disso? Cometi esse erro em minha carreira e rapidamente a pobreza, a limitação e as negativações começaram a acontecer.

O SUCESSO ESTÁ NO PROCESSO

> **"O SUCESSO É UMA JORNADA, UMA CAMINHADA QUE DEVEMOS TRILHAR DURANTE TODA NOSSA VIDA."**
>
> **JOHN C. MAXWELL**

Na verdade, aqui estamos falando da jornada do herói. Uma caminhada que se desenvolve ao longo da vida. Talvez as perguntas agora pudessem ser: "Como, então, encontrar o caminho?" e "O que é necessário para iniciar essa viagem?". Durante a minha jornada aprendi que a chave para empreender essa caminhada não depende de talentos especiais, nem de recursos financeiros, mas do desejo ardente de aprender alguns princípios e de colocá-los em prática no dia a dia.

Vejo muitas pessoas desistindo no meio do caminho e outras querendo dar saltos quânticos em seus resultados, como o caso do Márcio que vou relatar a seguir. Nessa jornada de herói muitas vezes você estará desenvolvendo novos hábitos e, para que isso aconteça, a disciplina e a paciência também deverão estar presentes. Já vou avisando, esqueça os saltos quânticos.

CASE 3

O ADVOGADO QUE NÃO GOSTA DE PROCESSOS

QUANDO O MÁRCIO VEIO ME PROCURAR EM UM DOS SEMINÁRIOS DO CONEXÃO JURÍDICA, FALOU QUE A ANSIEDADE O ATRAPALHAVA MUITO EM SEU TRABALHO. DISSE TAMBÉM QUE SEMPRE TEVE PROBLEMAS COM O PROCESSO, OU SEJA, COM A JORNADA PARA UMA CONSTRUÇÃO DE CARREIRA.

Depois de algumas conversas com Márcio, observei que ele estava acima do peso. Márcio é advogado, na época tinha 40 anos, 1,75 metro e 110 quilos. Perguntei se já tinha tentado emagrecer antes, ele disse que sim, mas que não gostava de fazer atividade física, comia mal e, mais uma vez, a ansiedade o atrapalhava.

Vamos observar que Márcio não gostava de fazer atividade física e queria emagrecer, se alimentava mal e queria emagrecer, dormia mal e queria emagrecer. Estava repetindo um padrão de querer resultados, dar saltos quânticos sem obedecer ao processo de construção. Para além do emagrecimento, esse padrão se repetia em todos os aspectos da sua vida, inclusive para a carreira.

* * *

Charles Duhigg, autor de *O poder do hábito*,[9] afirma que, segundo estudos científicos, os hábitos surgem porque o cérebro está o tempo todo procurando maneiras de poupar esforço, e para isso é necessário incentivar e saber esperar que o hábito se instale por inteiro no corpo.

As mudanças não acontecerão do dia para noite. É necessário cultivar bons hábitos para se ter bons resultados.

---

9 DUHIGG, C. **O poder do hábito**: por que fazemos o que fazemos na vida e nos negócios. Rio de Janeiro: Objetiva, 2012.

GUARDE ISSO: COMUNICAMOS AS VERDADES QUE ESTÃO DENTRO DE NÓS.

CAPÍTULO 2

O FRACASSO É UMA POSSIBILIDADE MUITO FORTE QUANDO NÃO SE ESTÁ PREPARADO

A graduação e a aprovação na OAB são conquistas muito esperadas pelos profissionais de Direito, mas é também quando os desafios começam a aparecer. A graduação nos traz uma formação fundamental para a prática da advocacia, mas a realidade do dia a dia nem sempre é abordada de modo realista nas salas de aula das universidades, e isso pode gerar uma grande insegurança no começo da carreira.

Em 2006, quando peguei a minha OAB, eu não fazia ideia do que teria de aprender de verdade para ter sucesso na advocacia.

CASE 4

É NECESSÁRIO TREINAR O SUCESSO

MARCELA FEZ PARTE DA MINHA SEGUNDA TURMA DO TREINAMENTO ADVOGADOS DE SUCESSO. CHEGOU COM UMA VONTADE GIGANTESCA DE VENCER, FALOU DE SEUS SONHOS E DISSE QUE QUERIA EMPREENDER. COMEÇOU ESSA JORNADA COM MUITAS CRENÇAS E HÁBITOS DO ANTIGO TRABALHO. ERA ADVOGADA EM UMA CIDADE DO INTERIOR NO SUL DO PAÍS, TINHA ACABADO DE SAIR DE UM ESCRITÓRIO ONDE TRABALHOU POR ANOS POR UM SALÁRIO FIXO E COM UM POTENCIAL ENORME DE SUCESSO. MUITO CRIATIVA, TINHA UMA FORÇA E INTELIGÊNCIA GIGANTE PARA EXECUTAR PROJETOS.

Marcela decidiu sair do escritório e montar o dela, mas o grande problema era que ainda pensava como funcionária, como se ainda trabalhasse no antigo escritório, uma mentalidade de assalariada que cumpria ordens. Queria mudar, mas quando se tratava de sua carreira, não conseguia dar o próximo passo de maneira criativa e não sabia o motivo: não enxergava que insistia em pensar como funcionária em vez de como empreendedora. Marcela, assim como diversas outras colegas advogadas, não sabia por onde começar.

Felizmente, tudo é treinável, o sucesso também.

***

Muitos de nós temos o sonho de empreender, de vencer, de ter as tão faladas independências financeira e geográfica. Mas precisamos entender que, nessa jornada, muitas das vezes, iremos perder antes de poder ganhar.

No caso da Marcela, ela precisou se reinventar para aprender novas habilidades e estratégias na advocacia para trabalhar sua mente empreendedora.

Foi doloroso? Posso garantir que sim.

Certa vez, um professor me falou o seguinte: "Emagrecer dói, acordar cedo dói, dormir tarde, ter uma alimentação mais equilibrada e saudável, evitar comer porcarias, ser gordo, tudo dói; então, meu amigo, ESCOLHA SUA DOR".

Em 2016, quando fui realizar uma palestra sobre inovação e tecnologia na advocacia numa cidade no interior de Rondônia, fui interrompido pelo presidente da OAB de uma das cidades que participavam do evento. A conversa se desenrolou assim:

— Desculpe interromper, mas isso que está falando não tem nada a ver, principalmente aqui nesta cidade do interior. Isso não serve para a nossa advocacia e os advogados daqui não concordam com isso.

— Nem os piores inimigos da justiça podem fazer tanto dano como fazem esses tipos de pensamento, doutor. Respeito a sua opinião, mas será que sua ideia errônea não está impedindo bons resultados na advocacia da região e, consequentemente, não estaria o senhor causando um dano na carreira dos outros colegas ao impedi-los de crescer e evoluir?

Nesse evento eu falava da importância de estarmos sempre atentos, na advocacia, às novas tecnologias, à internet e às formas de potencializar nossos resultados. Veja que não estava falando de nada mais do que o mínimo necessário para um mundo tão tecnológico quanto o que vivemos.

Vou compartilhar o que aprendi com Carol S. Dweck no livro *Mindset*:[10]

> O mindset não é um mero traço de personalidade, é a explicação de por que somos otimistas ou pessimistas, bem-sucedidos ou não. Ele define nossa relação com o trabalho, com as pessoas e a maneira como educamos nossos filhos. É um fator decisivo para que todo o nosso potencial seja explorado.

---

10 DWECK, C. S. **Mindset**: a nova psicologia do sucesso. Objetiva: Rio de Janeiro, 2017.

SONHADOR
EMPREENDEDOR
VENCEDOR
PERDEDOR
NÃO É TODO MUNDO QUE ESTÁ
DISPOSTO A PAGAR ESTE PREÇO.
ESCOLHA A SUA DOR.

É possível observar as limitações do nobre colega advogado que me questionou durante a palestra. Talvez ele tenha herdado essa atitude mental negativa da forma como encara a vida. Você conhece algum colega advogado ou advogada que também se comporta assim ou até mesmo de maneira pior?

9 ARMADILHAS QUE ME CUSTARAM MAIS DE 1 MILHÃO DE REAIS

1. CONFUNDI PESSOA FÍSICA COM PESSOA JURÍDICA

Aqui temos duas situações. A primeira é quando você já tem sua empresa constituída e faz uma grande confusão entre a pessoa física e a pessoa jurídica. Misturar essas contas não apenas gera um problema tributário, que em algum momento vai aparecer, como também faz o advogado crer que o que está no caixa da empresa pertence a ele, mas isso não é verdade. O dinheiro que está na conta da empresa pertence aos funcionários, aos fornecedores e ao governo. O advogado possui, mensalmente, apenas o pró-labore e, no fim do exercício fiscal, os lucros (quando houver).

A segunda situação é quando você não abriu uma empresa ainda para gerir a sua advocacia.

Em 2010 eu já atuava como advogado há quatro anos e ainda não tinha um escritório formal registrado com CNPJ. Na época eu não me imaginava ganhando nem 100 mil reais de honorários. Ainda achava aquilo impossível na advocacia quando veio a surpresa. Protocolei algumas ações que me renderam um total de 1 milhão de reais em honorários. Fiquei feliz e triste ao mesmo tempo, pois não ter uma gestão financeira e uma estrutura organizada do escritório me fez perder 27,5% desse total para o fisco.

Essa incompetência me gerou um prejuízo grande na construção da minha carreira, pois ela seguiu desgovernada e misturando dinheiro pessoal com dinheiro do escritório. Em poucos meses já tinha torrado mais de

400 mil reais sem saber dos 275 mil reais de imposto de renda que seriam cobrados no ano seguinte. O descontrole era total.

2. ACHEI QUE NÃO TINHA MUITO A APRENDER

O QUE VOCÊ NÃO TEM HOJE É PELO QUE VOCÊ AINDA NÃO SABE, POIS SE SOUBESSE, JÁ O TERIA.

Segundo Paulo Vieira, no livro *Criação de riqueza*,[11] enriquecer é uma ciência exata composta obrigatoriamente por três variáveis: renda mensal, poupança para investir e rentabilidade sobre os investimentos, e eu concordo plenamente com ele, pois senti isso na pele.

Os advogados ricos são aqueles que dominam três saberes:

1. **SABER** como aumentar sua renda;
2. **SABER** como poupar o máximo possível do que ganham;
3. **SABER** muito sobre investimentos.

Garanto que já experimentei a pobreza e não quero voltar lá por escolha. Se você não está disposto a dedicar tempo para aprender essas três regras, suas únicas chances de ficar rico são: casar com alguém que domine as regras; casar com alguém podre de rico em uma comunhão total de bens ou receber uma herança considerável.

Um belo dia, eu estava trocando mensagem com meu filho Pedro e ele veio me falar sobre uma frase do Michael Jordan de um livro que dei de presente.

"VOCÊ ERRA TODO ARREMESSO QUE NÃO TENTA."

MICHAEL JORDAN

---

11 VIEIRA, P. *op. cit.*

Vou reproduzir aqui nossa conversa:

Pedro: "Você erra todo arremesso que não tenta." Achei essa frase no livro do Michael Jordan e achei muito legal!

Eu: É muito sensacional essa frase!

Pedro: É verdade, pai! Esse livro do Michael Jordan é bem da hora. Eu pensei que o livro focaria só nele, mas mostra como todas as pessoas ao redor dele também mudaram conforme a sua evolução.

Eu: Há muita gente ao nosso redor que nos impede de crescer, de nos tornarmos melhores. Isso inclui até as pessoas que amamos. É só observar. Não precisamos excluir essas pessoas de nossas vidas, mas precisamos saber lidar com elas e ter inteligência emocional para não ficarmos presos na mediocridade de outras pessoas. Quando elas disserem que não conseguem alguma coisa, lembre-se de que isso é um limite delas e não seu. Você terá que fazer escolhas difíceis na vida. Esteja preparado para todas. Até hoje passo por isso, filho. Estou lutando por sucesso para não depender de ninguém e ter liberdade financeira e geográfica. Quando chegar lá, alguns irão dizer que estou roubando ou tive sorte. Sempre é assim.

Pedro: Isso é verdade

Eu: Lamento por eles. Quem me ama de verdade irá se beneficiar de tudo isso, pois é por eles que faço tudo.

Pedro: Você é um pai incrível. De verdade.

Eu: Estou tentando todos os arremessos em vez de ficar vivendo na média. Guarde isso: viver na média, estar dentro da média, matar um leão por dia, tudo isso é ser mediano, é viver na mediocridade. Jamais aceite isso. Você sempre poderá ser melhor do que a média, filho. Nossa mente nos trai, pois o tempo todo temos pessoas tentando limitar nossos arremessos. Você é um filho incrível. Tenho certeza de que terá muitas conquistas. Jamais se limite.

Pedro: Vou dar o meu melhor, pai. Posso aceitar o fracasso, até porque as pessoas falham, mas não posso aceitar não tentar.

Eu: É isso aí. Erre, mas erre rápido.

Pedro: O Michael Jordan também fala que os limites são como os medos. Sempre são apenas uma ilusão. Ele estaria falando dos mesmos medos do *Quem pensa enriquece*?[12] Ele fala muito sobre nunca desistir e não deixar os outros o limitarem, assim como você disse. "Se você aceitar as expectativas dos outros, especialmente as negativas, então nunca mudará o resultado."

Eu: Top, né, filho? E nem li esse ainda. Você consegue perceber que a jornada do conhecimento não é linear? Haverá tropeços e paradas, idas e vindas. Eu quero que esteja preparado e disposto a não parar no meio do caminho diante das adversidades, pois é o que os perdedores fazem.

SUA CAPACIDADE DE CONTINUAR APRENDENDO SEM DESISTIR É O QUE FARÁ DE VOCÊ UM ADVOGADO DE SUCESSO.

---

12 HILL, N. **Quem pensa enriquece**. Porto Alegre: Citadel, 2020.

Tenho uma pergunta para você sobre aprendizado: O quanto você está aberto a aprender e ensinar? Lembre-se do bate-papo com meu filho.

Eu tenho certeza de que você não nasceu sabendo andar, falar, escrever ou correr. Eu também tenho certeza absoluta de que seu aprendizado não foi do dia para noite, concorda?

O processo de construção de uma carreira de sucesso ocorre da mesma forma. Algumas pessoas tiveram bons professores e pais nutrindo-as com conteúdo de valor. Outras não, outras ainda terão de desaprender boa parte das coisas para depois aprender a dar os primeiros passos na direção correta. Pela estatística da plataforma AdvogadosdeSucesso.com, a maioria dos alunos, assim como eu já estive um dia, encontra-se nessa etapa em que é necessário se desconstruir para se reconstruir novamente de maneira correta e permanente.

Seja humilde o suficiente para reconhecer que sabe muito pouco e vá em busca do aprendizado que lhe falta.

3. NÃO LEVEI O MARKETING A SÉRIO

Quando iniciei no mundo de palestras e treinamentos ouvi muita chacota, cheguei a ser chamado de advogado blogueiro, advogado de mídias sociais. Me disseram que eu iria acabar com minha advocacia. Acredito que muitos estejam travados ainda hoje por isso.

No início de carreira, me deparei com a palavra "marketing", mas acreditava que somente empresas que vendiam produtos o faziam. Por incrível que pareça, existem milhares de advogados e advogadas que pensam assim. Isso me custou muito caro, porque mais uma vez deixei muito dinheiro na mesa.

Fiz as contas de quanto é o nosso faturamento anual com marketing e de quanto deixei de faturar de 2006 até 2015 e ela passou dos sete dígitos. São milhões em prejuízo acumulado.

4. BUSQUEI CHEFES

Passei cinco anos da minha carreira cometendo muitos erros, de verdade, mas esse foi praticamente o que mais me sabotou. Eu já estava advogando como autônomo, mas continuava a procurar um escritório para trabalhar. A falta de clareza e de projeção de futuro me sabotou demais nesse período.

Quando uma pessoa empreende com mentalidade de empregado, sempre vai acabar buscando mais chefes que clientes. E o que isso significa? O emprego tradicional tem três características: subordinação, horário e salário.

Se vai empreender, você deve ter claro que sua relação com os clientes não deve ser igual a uma relação patrão-empregado.

São numerosos os casos de advogados e advogadas que renunciam a seus empregos e se lançam como autônomos em busca de incrementar os ganhos e ter mais liberdade, mas terminam trabalhando com clientes que dispõem de seu tempo a todo momento e até definem quanto vão pagar por seus serviços. Não caia nesse buraco.

5. A CULPA NÃO FOI MINHA

Para ser sincero, vou ser bem direto: pare de procurar culpados, assuma sua responsabilidade e concentre-se em encontrar soluções. Passei boa parte da minha vida culpando terceiros pelas minhas irresponsabilidades e erros cometidos. É muito mais fácil fazer isso.

Quer saber por quê?

Porque herdei esse hábito das pessoas com quem eu convivia. Passei a vida ouvindo reclamações e lamentações sobre o governo, o vizinho, o juiz, o promotor, o outro colega advogado etc.

Já passou por isso ou já reclamou assim?

Em um emprego tradicional, nossas funções e responsabilidades chegam somente até certo ponto. Se acontece algum problema ou imprevisto, geralmente se busca a pessoa responsável. Quando você é empreendedor, porém, tudo o que acontece é responsabilidade sua, sem importar a quem você tenha delegado determinada tarefa.

É comum encontrar empresários que colocam a culpa nos funcionários para se eximir de culpa perante os clientes. Eles dizem coisas como "foi o erro do meu designer" ou então "a pessoa encarregada estava de folga e por isso não consegui entregar o pedido a tempo". Aí fica a questão: isso é uma atitude de um empreendedor de sucesso? De alguém dono da própria empresa?

Quando você falha com um cliente, sua marca e sua empresa são afetadas. É sua a responsabilidade de encontrar uma equipe honesta e eficiente e de providenciar os recursos necessários para entregar sua proposta de valor.

Claro que problemas e imprevistos poderão e irão acontecer, mas vale mais para o cliente deparar com uma empresa comprometida que assume suas responsabilidades do que escutar um empresário ineficiente culpando a equipe pelos ocorridos.

6. TIVE MUITO MEDO

NÃO TENHA MEDO DAS MUDANÇAS, QUESTIONE-AS.

Certa vez estava em uma festa com amigos quando o Paulo chegou perto de mim e começamos a falar sobre trabalho:

— Como está sua empresa, André?

— Bem, crescemos 45% este ano em nosso seguimento.

O Paulo é dono de uma oficina mecânica de grande porte, e disse que o faturamento da empresa tinha caído 30% naquele ano. Fiquei pensando e fiz a seguinte pergunta:

— O que você fez para sua empresa crescer esse ano, Paulo?

Ele ficou pensando, pensando e disse:

— Nada, fizemos o de sempre, nada de mudanças. Estamos em crise, né, então não dá para fazer nada.

Agora eu pergunto para você, meu leitor: o que você tem feito para crescer na sua advocacia?

Se sua resposta for a mesma do Paulo, já sabe como serão seus resultados.

Será que os resultados que tanto espera não estão nas decisões que você não toma?

7. CONCENTREI-ME NOS RECURSOS

PARE DE SE CONCENTRAR EM RECURSOS E COMECE A SE CONCENTRAR EM OPORTUNIDADES.

A razão de a maioria das pessoas dizer coisas como "Isso não se pode fazer aqui", "Eu faria se tivesse dinheiro", "Se eu fosse...", "Se eu tivesse..." etc. é que elas estão se concentrando nos recursos, e não nas oportunidades.

Passei basicamente dois anos da minha carreira me concentrando apenas nos recursos, ou seja, em aprender, aprender e aprender, praticamente uma obesidade mental. De nada adiantava tanto conhecimento se não colocava nada em prática. Acabava perdendo muitas oportunidades, pois cada vez mais eu focava nos recursos. Não estou dizendo que deve renunciar a eles, mas que irá precisar dosar sempre. Um livro é um recurso, um treinamento também é um recurso, mas aplicar tudo o que foi aprendido é um diferencial, é conhecimento, prática, repetição e melhoria contínua.

Um advogado empreendedor é capaz de ver a árvore quando ainda tem apenas a semente nas mãos. Ele se concentra na oportunidade e se pergunta "como posso fazer?".

8. TOMEI VÁRIAS DECISÕES MEDÍOCRES

Quanto mais decisões medíocres você tomar, mais resultados medíocres terá.

Em 2013 ganhei rios de dinheiro, mas o dinheiro naquele momento só me fez ser um medíocre com dinheiro.

Naquele ano, meu pai me disse algo muito forte e inacreditável para mim na época: "Você não foi criado assim, não demos essa educação para você".

E disse mais: "Você se tornou arrogante, impaciente e medíocre, meu filho. Olhe a sua volta, se conseguiu cavar esse buraco em sua vida, aprenda a sair dele, pois eu e sua mãe nos afastaremos. Não queremos ver o que não gostaríamos, tenha juízo."

Talvez você já tenha presenciado isso em sua vida ou na de alguém próximo. Só sei que pensava apenas em uma coisa: eu precisava mudar o jogo.

9. PAREI NO MEIO DA JORNADA DO ENRIQUECIMENTO

"NADA NO MUNDO SE COMPARA À PERSISTÊNCIA. NEM O TALENTO; NÃO HÁ NADA MAIS COMUM DO QUE HOMENS MALSUCEDIDOS E COM TALENTO. NEM A GENIALIDADE; A EXISTÊNCIA DE GÊNIOS NÃO RECOMPENSADOS É QUASE UM PROVÉRBIO. NEM A EDUCAÇÃO; O MUNDO ESTÁ CHEIO DE NEGLIGENCIADOS EDUCADOS. A PERSISTÊNCIA E DETERMINAÇÃO SÃO, POR SI SÓS, ONIPOTENTES. O SLOGAN 'NÃO DESISTA' JÁ SALVOU E SEMPRE SALVARÁ OS PROBLEMAS DA RAÇA HUMANA."

CALVIN COOLIDGE

Quantas vezes você já iniciou um projeto e parou, seja por procrastinação, porque teve medo ou por nem mesmo saber o motivo? Passei por isso várias vezes e tive que fazer alguns exercícios para corrigir a minha rota.

Entre 1923 e 1929, Calvin Coolidge foi o 30º Presidente dos Estados Unidos e, desde que descobri essa frase dele, penso muito nela. Me marcou muito, principalmente por ser nela que mentalizava todas as vezes em que pensei em desistir, mas também nas vezes em que resolvi enfrentar as adversidades e, sobretudo, chegar aos meus objetivos.

Vamos falar agora de Winston Churchill, que foi o primeiro-ministro do Reino Unido durante a Segunda Guerra Mundial e tem muito a nos ensinar, assim como Coolidge.

O que Churchill fez que podemos aplicar ao nosso sucesso na carreira? A resposta é: sua mentalidade.

Uma mentalidade de sucesso é o que podemos chamar de incondicional e inabalável. É ter a determinação para se fazer o que tem de ser feito independentemente da situação. É ter coragem de olhar para a adversidade e mesmo assim seguir em frente.

A seguir, apresento trechos transcritos e traduzidos por Francisco Ferraz[13] do que foi considerado por Allen Packwood,[14] diretor do setor de arquivos relacionados a Churchill na Universidade de Cambridge, o discurso mais marcante do século XX. No dia 4 de julho de 1940, Winston Churchill compartilhou com todos da Inglaterra e do mundo a sua visão e determinação de vitória na guerra que já durava mais de um ano.

DISCURSO DE WINSTON CHURCHILL EM 4 DE JULHO DE 1940

"Eu tenho plena confiança de que, se cada um fizer o seu dever, se nada for negligenciado e se as providências certas forem tomadas, e elas estão sendo tomadas, nós vamos provar para nós mesmos, uma vez mais, que somos capazes de defender nossa ilha-lar, enfrentar a tempestade da guerra, sobreviver à ameaça da tirania, se necessário por anos, se necessário sozinhos."

"De qualquer forma, esta é a resolução do governo de Sua Majestade, de cada um de seus integrantes. Esta é a vontade do Parlamento e da nação."

"O Império Britânico e a República Francesa, unidos nesta causa e na sua mútua necessidade, defenderão até a morte o seu solo pátrio, ajudando um ao outro como bons camaradas, no limite de suas forças."

13 FERRAZ, F. "Nós nunca nos renderemos" – Discurso de Churchill em 1939. **Mundo da Política**, 2019. Disponível em: https://mundodapolitica.com/nos-nunca-nos-renderemos-discurso-de-churchill-em-1939/. Acesso em: 9 maio 2021.

14 AS PALAVRAS de Churchill ajudaram na vitória dos aliados na Segunda Guerra? **BBC News Brasil**, 11 fev. 2018. Disponível em: https://www.bbc.com/portuguese/internacional-42997188. Acesso em: 9 maio 2021.

"Mesmo que grandes porções da Europa, e muitos países antigos e famosos tenham caído ou venham a cair nas garras da Gestapo e de todo o odioso aparato do governo nazista, nós não vamos titubear ou falhar. Nós iremos até o fim."

"Nós lutaremos na França, nós lutaremos nos mares e oceanos, lutaremos com confiança crescente nos céus, defenderemos a nossa ilha, seja qual for o custo."

"Nós lutaremos nas praias, lutaremos nos campos, lutaremos nas colinas, nunca nos renderemos."

"E, mesmo se esta ilha ou grande parte dela for ocupada e fique sem alimentos – o que eu em nenhum momento acredito que irá acontecer –, então nosso Império de além-mar, armado e protegido pela frota britânica, vai levar a luta adiante, até que no tempo aprazado por Deus, o novo mundo [a América], com toda sua riqueza e poderio, se lance na guerra para resgatar e liberar o velho mundo [a Europa]."

Esse discurso traz a mentalidade daqueles que vencem a qualquer custo, daqueles que fazem a diferença no mundo e é justamente essa mentalidade que as pessoas ricas e de sucesso possuem. Foi esse discurso que conseguiu dar forças aos britânicos para frear o avanço de Hitler durante dois anos.

Após a morte do meu pai em 2013, passei por um turbilhão de emoções, muita dificuldade financeira e desafios. Depois de falir três empresas e cometer diversos erros, deparei com esse discurso de Churchill. Nessa época eu já tinha um discurso mais simples, mas acabei esbarrando também no discurso do Paulo Vieira e decidi então me apropriar do teor do discurso e adaptá-lo para a minha própria manifestação. Assim, teria um documento que mostrasse a construção da minha carreira de sucesso na advocacia.

A seguir está a minha versão do meu discurso de vitória bem atualizado para você.

28 DE ABRIL DE 2021

Eu tenho plena confiança de que, se cumprir o meu dever, as minhas obrigações, se nada for negligenciado e todos os planos forem postos em prática, como de fato estão verdadeiramente sendo feitos, provarei mais uma vez que sou capaz de prosperar em minha vida pessoal e profissional. Um legado que deixarei para meus filhos e para aqueles que vierem depois deles. Mostrarei que sou capaz de enfrentar as tempestades financeiras, emocionais, as pandemias e irei sobreviver às ameaças de um mundo supercompetitivo. Mesmo assim vencerei, serei rico, pleno e próspero na vida pessoal e profissional. Se necessário, trabalharei e estudarei durante anos e, se também for necessário, farei tudo sozinho, sem ajuda de ninguém. Será, de uma maneira ou de outra, isso que farei: vencer financeiramente em todas as áreas da minha vida. Essa é a vontade de Deus para minha vida e para cada um de meus familiares que me amam de verdade. É vontade e determinação que pulsam em meu coração e está em meu DNA.

A qualquer custo defenderei o meu direito à vida abundante e farei parcerias éticas e bem-sucedidas, às quais me dedicarei com toda força e comprometimento. Entendo que farei o que gosto e o que não gosto para alcançar meus objetivos. Se necessário trabalharei dia e noite incansavelmente com muita confiança e aprendizado. Vou aprender a qualquer custo e me tornarei o melhor no que faço, aprendendo com vídeos, modelando pessoas, lendo e ouvindo. Tudo será feito com excelência e devoção, nunca parando de aprender e sempre me esforçando para ser o melhor, mesmo se me desacreditarem, mesmo se me sentir derrotado, se estiver cansado ou impotente, porque sou obstinado e seguirei em frente sabendo que o tempo é de Deus. No fim das contas, um novo eu estará pronto, vencerei e irei prosperar de modo superabundante,

compartilhando todo meu conhecimento com milhares de pessoas ao redor do mundo.

André Luso

Há tempos tenho o hábito de ler esse discurso diariamente, qualquer que seja sua versão mais atualizada. Somente eu sei o quanto isso mudou e continua mudando a minha vida, o quanto me ajudou a deixar de ser uma pessoa apenas ligeiramente bem-sucedida passando por vários percalços financeiros e me tornou um indivíduo financeiramente rico de verdade.

Que tal agora você seguir meu exemplo e escrever seu discurso da vitória financeira (ou de carreira), e fazer uma leitura diária até que ele se torne uma verdade absoluta de conduta e de realização em sua vida? Se você acreditar que meu discurso se adapta a você, maravilha, use-o integralmente; caso contrário, você pode fazer uma adaptação e criar a sua versão.

VIDA DE ADVOGADO OU VIDA DE CACHORRO?

Quero compartilhar um dos maiores erros que também nos impede de ter uma vida próspera e que me fez ficar andando em círculos durante muitos anos. Talvez você conheça alguém que quanto mais dinheiro ganha, mais gasta, sem se preocupar em aumentar o percentual dedicado aos investimentos. Este é um erro bem comum na vida dos advogados, advogadas e também da maioria das pessoas que entram na jornada do enriquecimento.

Quando eu tinha 25 anos, na primeira oportunidade que tive, comprei uma moto zero quilômetro de 12 mil reais; logo em seguida, um carro zero quilômetro de 120 mil reais e, um ano depois, passei a ganhar mais e troquei novamente de carro e moto. De presente, vieram: IPVA e seguro mais caros, revisões e troca de peças importadas, entre outros.

Você pode estar se perguntando, "mas aonde você quer chegar, André? Não seria normal fazer isso?". Você pode até fazer, mas da forma correta, e antes disso, precisa saber o que são ativos e passivos financeiros.

Ativos: um ativo é tudo aquilo que pode ser adquirido ou criado e que lhe dará renda ou dividendos, ou seja, um ativo irá contribuir para aumentar o poder aquisitivo ou independência financeira. Alguns exemplos são: imóveis para locação, royalties, ações, direitos autorais, cursos no perpétuo etc.

Passivos: um passivo é o oposto, é tudo aquilo que também pode ser comprado ou criado, mas trará despesas periodicamente, alguns exemplos: apartamento onde mora, casa de praia, carro, moto, lancha, *jet ski*, dívidas contraídas para compra de bens de consumo etc.

Resumindo, enquanto o ativo aumenta o poder aquisitivo e a renda, o passivo reduz, pois compromete parte do que você ganha com novos gastos.

Se olhar com atenção para esse pequeno detalhe, perceberá que eu era um gastador e acumulador de passivos e, se não mudasse, passaria a vida toda preso às limitações financeiras.

SIGA O MANTRA DOS ADVOGADOS RICOS: "CONSTRUA ATIVOS, GERE RIQUEZA, PRODUZA DIVIDENDOS E, SÓ ENTÃO, COMECE A GASTAR COM PASSIVOS".

O CICLO VICIOSO QUE AFETA 99% DOS ADVOGADOS E ADVOGADAS

Falarei agora das quatros dúvidas mais recorrentes nos treinamentos e palestras que já ministrei até hoje, inclusive dentro da plataforma AdvogadosdeSucesso.com. São dúvidas recorrentes de milhares de advogados e advogadas das mais diversas áreas e objetivos.

1. CLIENTES

A habilidade de não saber conquistar clientes é uma delas e essa dificuldade precisa ser resolvida. Nós, advogados, precisamos de clientes para crescer em nossa advocacia. Conquistar clientes ou audiência é algo muito delicado e, ao percebermos que os clientes não aparecem, nos sentimos frustrados e com medo de que o negócio afunde. É importante que, a partir de hoje, você domine as habilidades para mergulhar nesse oceano azul. Os clientes estão lá, você só não sabe ainda por onde começar a atraí-los.

Se ninguém nos mostrar o caminho, vamos ficar exaustos demais para continuar e simplesmente desistir e deixar nosso sonho morrer.

Eu mesmo já passei por isso no passado, sentia como se tudo que eu tentasse fosse insuficiente para mudar meus resultados. A própria plataforma AdvogadosdeSucesso.com não vendeu nada no primeiro ano. Eu não conseguia entender por que as pessoas não chegavam até mim, nenhuma interação acontecia e, consequentemente, nenhuma venda.

- Você já se sentiu assim?
- Esse é seu estado neste momento?

2. MEDO DE FALAR EM PÚBLICO

É comum as pessoas terem medo de falar em público. Isso se deve, entre outros fatores, ao medo de serem rejeitadas. Um estudo realizado na população da cidade de São Paulo em 2005 traz alguns dados interessantes para a discussão, veja a seguir:

> O medo de falar em público constitui um subtipo não reconhecido de fobia social em estudos epidemiológicos. [...] Trinta e dois por cento dos entrevistados reportaram ansiedade excessiva quando falavam para um grande grupo de pessoas. No total, 13% dos entrevistados relataram que o medo de falar em público resultou em grande interferência no trabalho, vida social e educação, ou causou sofrimento acentuado.[15]

15 D'EL REY, G. J. F.; PACINI, C. A. Medo de falar em público em uma amostra da população: prevalência, impacto no funcionamento pessoal e tratamento. **Psicologia: Teoria e Pesquisa**, Brasília, v. 21, n. 2, p. 237-242, ago. 2005. Disponível em: http://dx.doi.org/10.1590/S0102-37722005000200014. Acesso em: 9 maio 2021.

Não é diferente para nós, advogados. Em algumas experiências de palco eu já passei por situações constrangedoras por conta do nervosismo, como dar branco no meio da frase, ter um discurso inflexível, agir como um robô, com uma rigidez não natural e apresentar com uma expressão apática, que não atraía o público.

3. NÃO, VENDER NÃO É PARA MIM!

Talvez você diga que não trabalha com vendas por ser um advogado ou advogada e isso é um grande erro.

Muitas pessoas não conseguem se imaginar como vendedoras, mas a verdade é que a capacidade de vender é natural ao ser humano. Por exemplo, quantas vezes você já falou bem de um filme, ao insistir para que outra pessoa parasse para assisti-lo? Ou, quem sabe, quando estava tentando convencer o parceiro ou parceira a ir jantar em um restaurante que você gosta muito?

Essa capacidade de argumentação e convencimento é a mesma que os vendedores usam quando estão oferecendo um produto ou serviço. E se você quer empreender dentro da advocacia, deve saber fazer o mesmo quando oferece seus serviços aos clientes. Desenvolver uma boa comunicação, empatia e capacidade de persuasão são essenciais para aprimorar a sua capacidade de venda.

4. SABER PRECIFICAR HONORÁRIOS

Na prática da advocacia, muitas vezes erramos em precificar o nosso valor, não é?

Por conta da grande concorrência no mercado, alguns advogados baixam consideravelmente o valor dos honorários; entretanto, essa estratégia, que até pode trazer mais clientes no início, acaba prejudicando o profissional futuramente, porque acaba deixando-o com muito trabalho acumulado e pouco retorno financeiro. Essa situação costuma resultar em uma desmotivação enorme e uma imagem nada interessante para o profissional no mercado, pois acaba ficando conhecido como "advogado baratinho".

Mais do que competitivo, o valor deve ser justo e sustentável. Quando se tem honorários dignos, o profissional de Direito tem melhores perspectivas para consolidar a própria carreira e um capital melhor para investir no próprio escritório.

No início da minha carreira, perdi as contas de quantas vezes cobrei errado por meus honorários. Em 2020 presenciei advogados cobrando 50 reais para fazer uma audiência. Também vi absurdos anúncios de advogados na OLX vendendo audiências por 30 reais. Isso é um completo leilão, canibalização da prática advocatícia. Infelizmente, esse é um tipo de profissional que não vai acabar. Não seja assim.

Em uma enquete que fiz em janeiro de 2021 na plataforma AdvogadosdeSucesso.com, alguns colegas de profissão levantaram as seguintes questões:

- Como estipular os preços?
- Uso a tabela da OAB ou um valor inferior?
- Como saber se esse é o valor correto?
- Como fazer o cliente perceber o valor do serviço?
- O que fazer com o cliente que acha meus serviços caros?
- Como saber o que estão cobrando no mercado?
- Como precificar de maneira justa se meu colega ao lado cobra metade do preço?

Essa enquete só demonstra, mais uma vez, que muitos advogados, infelizmente, têm dificuldades em precificar, cobrar e gerar valor para sua advocacia.

Existe um outro tipo de advogado que sabe cobrar pelos honorários; ele é mais seguro, estratégico e sabe impor o próprio valor. Esse advogado jamais entra na esfera do leilão.

É muito comum um tipo de cliente que entra em contato com diversos advogados até encontrar um que trabalhe pelo menor preço. Jamais se esqueça da frase abaixo:

CLIENTE QUE VEM POR PREÇO, VAI POR PREÇO.

Certa vez recebi uma mensagem no WhatsApp de um cliente que veio por indicação. O nome dele era Marcos e queria que eu fizesse os trâmites de um divórcio. Ele me fez a seguinte pergunta: "Qual preço dos seus serviços?". Bom, em algum momento você já deve ter recebido essa pergunta, certo? Geralmente quando os clientes perguntam pelo preço no primeiro contato, não estão muito preocupados com o valor de mercado do advogado, querem contratar o prestador mais barato.

Segui o meu protocolo de atendimento e fechamento de contrato, que é um passo a passo que já tenho planejado para cada novo atendimento: enviei um e-mail com um arquivo em PDF explicando como funcionavam os serviços e com diversas dicas de segurança que ele deveria seguir em relação aos serviços que estava buscando contratar. Enviei também minhas redes sociais, além de sugerir que procurasse meu nome no Google para mais referências. Por fim, enviei os honorários dos serviços que seriam prestados. Três semanas depois, o contrato foi fechado.

Conto tudo isso em detalhes porque existe uma estratégia com algumas etapas de precificação de honorários que todo advogado deve saber, e funciona muito bem. Você que é meu leitor e seguidor terá acesso ao módulo completo de precificação de honorários da plataforma AdvogadosdeSucesso.com.

Acesse **www.andreluso.com.br/modulo-honorarios-na-pratica** agora mesmo para ver essas estratégias ou utilize o QR Code abaixo.

Contei a você essa história do Marcos para que fique atento aos detalhes de toda a negociação e veja com atenção uma dica que faz toda diferença: crie um lastro digital com fotos de eventos, palestras e posses que já participou e com os treinamentos, cursos e apresentações que já ministrou. Você deve agregar valor em suas propostas a potenciais clientes com depoimentos de clientes satisfeitos com você e seu trabalho. Tenha todo esse conteúdo em um site ou blog para que quando qualquer cliente buscar seu nome no Google, encontre tudo sobre você rapidamente. Aliás, o que você encontra quando dá um Google em seu nome? Se não está satisfeito com o que viu, vamos então mudar juntos essa história.

CASE 5

SE VOCÊ É UM JOVEM ADVOGADO, BUSQUE RESULTADOS

A GRAZIELLA É MINHA ALUNA DE MENTORIA DE UM PROJETO QUE CHAMO DE MENTES JURÍDICAS, UM PROGRAMA COMPLETO EM QUE TRABALHO TODA CARREIRA DO PROFISSIONAL. ELA É UMA JOVEM ADVOGADA, QUE PEGOU SUA OAB EM 2020 E SEMPRE FOI DESACREDITADA PELOS POTENCIAIS CLIENTES, AMIGOS, FAMILIARES E COLEGAS, SIMPLESMENTE POR SER MUITO JOVEM. ELA SE INCOMODAVA TANTO COM ISSO QUE CHEGOU A PENSAR EM DESISTIR DA ADVOCACIA. PODE PARECER UMA BESTEIRA PARA ALGUNS, MAS CADA UM DE NÓS VIVE UMA BATALHA INTERNA E DEVEMOS RESPEITAR ISSO PARA PODER SUPERAR OS NOSSOS DESAFIOS.

Um belo dia ela me ligou por volta das 23h chorando e dizendo que iria desistir, que não aguentava mais, que trabalharia com qualquer outra coisa, menos com advocacia.

Conhece alguém assim?

Disse para ela o seguinte:

— Acredito em você e em tudo que venho defendendo e ensinando. Não permito que você desista, se você desistir agora, não saberá do seu potencial e levará isso para o resto da vida. E tem mais, eu me comprometo com você, se você não tiver resultados em até noventa dias, devolvo em dobro todo o investimento que fez em minha mentoria. Mas você terá que assumir um compromisso comigo, terá que escrever um discurso da vitória hoje (o mesmo que deixei aqui no livro para vocês) e irá se comprometer em gerar resultados.

Ela ficou quieta por alguns segundos e achei até que tinha desligado o telefone, mas depois veio a resposta que esperava:

— Estou dentro.

***

Existem várias Graziellas ainda por aí, vários Andrés, Paulos, Cláudias etc. e posso afirmar:

A MELHOR FORMA DE RESPONDER A QUEM SUBESTIMA SUA CAPACIDADE É APRESENTAR RESULTADOS.

CAPÍTULO 3

QUAL É O SEU PONTO CEGO?

DESCOBRINDO O PONTO CEGO E ACELERANDO A SUA APRENDIZAGEM

Nesse capítulo eu quero que reflita sobre como está a sua advocacia hoje. Será que você está acompanhando o que está acontecendo ou nem sabe mais o que já perdeu, principalmente com você? Para melhorar como pessoa e acelerar meus estudos, procurei entender como funcionava o processo de aprendizagem, o que me levou ao psicólogo bielorrusso Lev Vygotsky, que desenvolveu um magnífico estudo sobre o processo de aprendizagem, dividindo-o em três níveis: desenvolvimento real, desenvolvimento potencial e desenvolvimento próximo.[16] Logo em seguida desenvolveu a Programação Neurolinguística (PNL),[17] que dividiu em estágios que vamos ver a seguir.

Vamos lá!

---

16 MARQUES, J. R. Conheça os níveis de desenvolvimento. **Instituto Brasileiro de Coaching**, 6 ago. 2018. Disponível em: https://www.ibccoaching.com.br/portal/conheca-os-niveis-de-desenvolvimento/. Acesso em: 14 maio 2021.

17 A **programação neurolinguística** busca compreender e identificar nossos modelos mentais de modo consciente e, assim, permitir modificações e melhorias em nossas atitudes. Essa teoria sugere que somos programados a partir de todas as experiências sociais que vivenciamos, experiências essas que moldam nosso comportamento e respostas mentais. Ao propor "reprogramar" nossa mente, a PNL tem como objetivo a mudança do comportamento em prol de maior sucesso do indivíduo. **Sociedade Brasileira de Programação Neurolinguística** [s.d.]. Disponível em: https://www.pnl.com.br/pnl/. Acesso em: 14 maio 2021.

Estágio 1 – Incompetência Inconsciente (II): Nesse estágio ainda não sabemos que não sabemos. Gosto de usar aqui o exemplo da criança. Ela ainda não sabe que precisa andar. Rasteja e engatinha para somente depois conseguir dar os primeiros passos, pois se deu conta que todos ao redor estão andando e percebe que pode passar para o próximo estágio.

Por diversas vezes eu me peguei aqui nesse estágio com hábitos muito ruins que já repetia há anos. Isso aconteceu comigo e pode estar acontecendo com você agora. O importante é descobrir as incompetências ligadas ao inconsciente que você vem tendo neste exato momento e ainda não sabe que existe.

Nesta fase também pode estar uma habilidade que você ainda não desenvolveu e que a falta dela o impede de crescer. Eu chamo esse estágio de o **ponto cego** da sua carreira.

Exemplo: muitos advogados não sabem que precisam desenvolver a oratória e persuasão, pois acreditam que já sabem lidar com isso, acreditam que já sabem falar bem. Eu também pensava assim até ser mentorado pelo Roberto e pelo Arthur Shinyashiki. Eu digo para você que 99% dos que passam pelo curso Advogado Palestrante não conhecem como suamos lá para potencializar os advogados.

Já comentei anteriormente que meu pai conversou comigo sobre eu ter me tornado uma pessoa arrogante. De imediato neguei, não admiti. Essa é uma atitude quase que automática, fazemos por proteção, mas devemos observar os sinais e ouvir o que as pessoas falam sobre nós. Podemos inconscientemente reforçar uma incompetência.

Estágio 2 – Incompetência consciente (IC): Nesse próximo estágio a criança já tem a percepção de que não sabe andar, mas sua curiosidade desperta o aprendizado. Ela força o corpo a desenvolver essa nova habilidade ao imitar os demais.

O advogado aqui já tem ciência de que precisa melhorar a sua oratória e comunicação, então busca recursos para sua evolução. Já sabe inclusive quando comete erros de oratória, pois tem consciência de sua incompetência e vai buscar sempre melhorar.

Nesse mesmo estágio eu estava lidando com minha arrogância. Fiz uma busca mental tentando entender como havia me tornado esse tipo de pessoa. Foi quando lembrei que desde 2011, dois anos antes, estava próximo de um grupo de empresários arrogantes e desagradáveis com os funcionários, ou seja, estava me tornando um deles. Por pouco não experimentei ser ignorante com as pessoas.

Estágio 3 – Competência consciente (CC): Aqui a criança sabe andar, controla os movimentos, conhece o processo de aprendizagem, mas ainda pensa para fazer, seus movimentos ainda são mecânicos e não automáticos. Com prática, arrisca umas corridas, passa por obstáculos e assim evolui.

O advogado já tem competência das correções na oratória e sabe corrigir a tempo seus movimentos e sua comunicação, mas ainda não está no automático. Por isso às vezes não parece natural em alguns momentos, ele está lutando com o processo novo que está aprendendo. Afinal, ninguém dirige bem no início, não é?

Aqui aconteceu uma coisa bem bacana com a minha atitude arrogante. Como eu já tinha consciência, sempre que pensava em dar uma resposta arrogante, trocava por uma que expressasse gratidão pelo que a pessoa já tinha feito. Então eu a agradecia, até que foi natural passar para o próximo estágio. Eu considero esse estágio o mais desafiador, porque é repetição constante, é criar um hábito e naturalizá-lo.

Estágio 4 – Competência inconsciente (CI): Aqui a criança parou de pensar para andar ou correr. Ela nem sabe mais que sabe, ela anda inconscientemente. Nesse estágio, é tudo muito natural, temos a impressão de que nascemos sabendo fazer isso e que nascemos exatamente para isso.

O advogado aqui passa a improvisar em suas palestras, ele já conhece a estrutura da oratória, ser um orador parece já estar em seu DNA. Ele consegue dar aulas sobre o assunto e falar ao vivo em rede nacional sem um grande esforço ou nervosismo, ele é um comunicador de sucesso.

O André arrogante aqui se foi, ele se tronou outra pessoa. As pessoas perceberam e dizem agora: "Nossa! Como você mudou!". Outras ainda querem ser como ele nesse estágio e isso só será possível quando cada um descobrir e trabalhar suas incompetências.

Muitos ainda desconhecem cada estágio de aprendizagem e que são de suma importância em nossas vidas. Coloque em prática agora mesmo esse conhecimento, passando de estágio por estágio até que mude um comportamento, até que aprenda uma nova habilidade e se torne uma pessoa melhor, evolua.

O MERCADO ESTÁ MUDANDO

O mercado está mudando e sou a prova disso. No período em que estava escrevendo este livro, fui convidado para levar o conteúdo do Empreendedorismo Jurídico, um dos módulos do AdvogadosdeSucesso.com, para uma extensão de faculdade. Com isso é possível verificar que até as universidades e faculdades já estão mudando suas mentalidades.

Mesmo que você seja um excelente aluno no curso de Direito, só o conteúdo das disciplinas não fará com que você seja um bom advogado. É preciso buscar e desenvolver outras habilidades que, muitas vezes, as faculdades não incluem na carga horária.

Durante o curso, em aulas práticas, somos ensinados a compor peças da advocacia, mas não nos ensinam a administrar um escritório, por exemplo. Não há aulas sobre finanças, contabilidade ou marketing jurídico, nem sobre como captar ou fidelizar um cliente. Outro grave problema que costuma ser recorrente é a insuficiência do ensino da oratória. Algumas faculdades até incluem matérias específicas sobre isso, mas geralmente no início do curso, quando o aluno ainda não tem bagagem suficiente para sustentar bons argumentos. O ideal seria enfatizar a disciplina no final do curso, quando o aluno já está mais familiarizado com o conteúdo jurídico e, portanto, tem melhor capacidade de falar por alguns minutos sobre um determinado tema.

CASE 6

MÁ COMUNICAÇÃO PREJUDICA SEU TRABALHO

CAMILA É ADVOGADA EM UMA CIDADE NO INTERIOR DE GOIÁS, E PERCEBEU QUE PRECISAVA DESENVOLVER MUITAS HABILIDADES QUANDO FOI PARA O MERCADO DE TRABALHO. ELA ASSISTIU A UMA PALESTRA MINHA NO INÍCIO DE 2020 E NO FINAL DO MESMO ANO ME CONTRATOU PARA SER SEU MENTOR DE CARREIRA. A IDEIA ERA DESENVOLVER O LADO EMPREENDEDOR E USAR O MARKETING PARA TER MELHORES RESULTADOS. NA TERCEIRA SESSÃO DE MENTORIA DESCOBRI QUE CAMILA TINHA UM GRAVE PROBLEMA DE COMUNICAÇÃO E ENTONAÇÃO DA VOZ. ELA NÃO CONSEGUIA PASSAR VERDADE NO QUE FALAVA, NO QUE COMUNICAVA. NÃO GERAVA CONEXÃO COM OS CLIENTES E, POR ISSO, ACABAVA PERDENDO-OS.

Os desafios com advogados e advogadas no Brasil são muitos. Camila jamais imaginaria que sua comunicação não era persuasiva. Como seria se tivesse descoberto isso ainda na faculdade?

Quantas Camilas existem por aí com o mesmo desafio?

* * *

Meus primeiros cinco anos na advocacia foram desafiadores, assim como os de muitos outros colegas de profissão. Eu não sabia cobrar honorários, não sabia negociar e só usava meu cartão de visita para divulgar os serviços, sem sucesso.

Quanto dinheiro você vai deixar na mesa até ter sucesso? Vou responder: se continuar aceitando apenas o que lhe oferecem, tudo vai começar a parecer um prego na sua vida. Leia este e muitos outros livros, busque os mais variados assuntos para sempre estar em evolução. Evoluir é poder.

As faculdades ensinam a pensar como se todos fossem prestar concursos e, de fato, é o que muitos querem e farão. No entanto, como o número de vagas é menor do que a quantidade de candidatos, muitos não serão aprovados e precisarão seguir outros caminhos, como o da advocacia.

Durante meus sete anos ministrando palestras e treinamentos, sempre fiz uma enquete nas faculdades e universidades pelas quais passei perguntando quem gostaria de se candidatar a um concurso e quem gostaria de seguir na carreira advocatícia. Posso garantir que 90% dos alunos escolhem a opção do concurso público; no entanto, como apenas uma pequena porcentagem passa, a maioria vai advogar e, muitas vezes, sem ter o preparo para isso.

O QUE O TROUXE ATÉ AQUI NÃO SERVIRÁ PARA O PRÓXIMO NÍVEL

Desde que me formei, sempre perguntava aos colegas advogados como era o exercício da profissão. Sempre via os colegas reclamando dos percalços do judiciário, dos clientes que não apareciam, de como era difícil advogar.

Tenho um tio que tem um escritório muito bem estruturado, aquele escritório de filme, sabe? Quando entrei lá pela primeira vez, em 2007, fiquei deslumbrado. Sempre imaginei, desde antes daquele momento, que era aquilo que eu queria para mim, aquele tipo de escritório. Em uma conversa com meu tio na época, perguntei para ele assim: "Como faço para ter um escritório desse?".

Ele sorriu e disse em apenas uma frase: "Relacionamentos, tenha bons relacionamentos".

A faculdade não me ensinou isso. Meu pai sempre me disse que relacionamento é poder. Eu percebi, lá atrás, que tudo que tinha aprendido não me levaria a nenhum lugar além daquele que eu já me encontrava. Foi a minha primeira lição.

As habilidades que trouxeram você até aqui não são as mesmas necessárias para alcançar o próximo nível.

Eu tenho certeza que para chegar onde você está agora muita coisa foi feita. Basta comparar quando você entrou na faculdade, quando saiu dela e como está agora. Não vai ser diferente depois de ler este livro.

Você estudou bastante sobre a sua área, aprendeu a mexer em algumas ferramentas, criou coragem para gravar vídeos, começou a escrever *posts* nas redes sociais, aprendeu a fazer anúncios e perdeu algumas horas de sono pensando em estratégias.

Enfim, desenvolveu habilidades que não tinha antes. E isso é muito bom, foi o que o trouxe até aqui. Mas no empreendedorismo não dá para ficar parado. Não existe estabilidade quando o assunto é empreender no mundo de hoje: ou você está subindo ou você está caindo.

No mesmo lugar não tem como ficar. Isso é fato.

Imagino que você não queira ficar para trás nessa corrida. Por isso, trouxe algumas estratégias e cases neste livro que irão ajudar a desenvolver outras habilidades e técnicas para crescer.

Ser advogado é uma profissão que me traz muita honra todos os dias e posso garantir que é possível ser bem remunerado por isso, mas você deve estar preparado para uma jornada com muitos desafios. Eu quero fazer uma pergunta agora:

QUANTO VOCÊ QUER FATURAR POR ANO NA ADVOCACIA?
ESCREVA AQUI: ______________________________

Nos próximos capítulos vou mostrar como ter múltiplas fontes de renda na advocacia. Não pense somente em honorários advocatícios, tem muito mais por aí. O jogo é bem maior do que podemos imaginar.

PLANEJAMENTO NÃO É CERTEZA DE SUCESSO

Se você acredita que planejar custa caro, experimente não o fazer. Eu aposto que sairá muito mais dispendioso do que você imagina. Atualmente, muitos advogados e escritórios estão pagando o preço por esse descuido.

Seja na vida pessoal ou profissional, sabemos a importância do planejamento. Não sei se você já fez algo sem se planejar, mas as chances de dar alguma coisa errada são muito grandes.

Certa vez, fui velejar com a Liz, filha de um amigo, em um veleiro pequeno que tenho, que cabem duas pessoas apenas. Nos afastamos por 1 milha, o que dá aproximadamente 1,609 quilômetros. Antes de começarmos a velejar, eu apresentei para ela o veleiro, falei sobre o vento, sobre a correnteza, sobre a possibilidade do veleiro virar e nós cairmos na água e expliquei também qual seria nossa rota, bordo 1 (até a Ilha 30 Réis), bordo 2 (até a Ilha do Coqueiro) e bordo 3 (de volta ao ponto de partida).

Eu planejei aquilo de maneira bem organizada para dar tudo certo e, além disso, avisei dois colegas de *jet ski* que estaria com ela, para ficarem por perto.

Já no primeiro bordo, pegamos uma rajada de vento muito forte e o veleiro virou lançando-nos para fora do barco. Ela ficou bem nervosa, mas teria sido muito pior se eu não tivesse explicado para ela tudo aquilo antes. Todo o processo de virada de barco foi feito, pedi um *jet ski* para levá-la para terra e permaneci por cerca de quinze minutos tentando desvirar o veleiro.

Sabe porque estou contando isso?

Porque mesmo quando você planeja, não significa que terá sucesso garantido.

Quantas vezes planejou algo que não deu certo e você desistiu já de primeira?

O ano de 2020 mostrou que as marcas, advogados e advogadas que equilibraram os negócios e até mesmo cresceram em plena pandemia de covid-19 foram as que tinham uma comunicação bem planejada e executada.

Para abrir o próprio escritório, se posicionar nas mídias sociais, ir atrás de clientes, vender cursos, palestras e treinamentos e até para viajar, casar e ter filhos, independentemente do prazo e do orçamento, planejar é fundamental. Ao fazer isso, você poupa tempo e dinheiro.

ATÉ QUANDO IRÁ CONTINUAR FAZENDO TUDO SEM O DEVIDO PLANEJAMENTO?

CINCO PROBLEMAS QUE EU TIVE POR FALTA DE PLANEJAMENTO

1. Custos mais elevados do que o necessário

Não possuir um planejamento estratégico significa não conseguir prever possíveis gastos extras em sua advocacia. O início da minha carreira foi assim, sem total controle dos gastos e com muita desorganização, o que me gerou prejuízos enormes, como comentei anteriormente.

Com a falta de organização na gestão, podem ocorrer muitos erros, por exemplo a compra em excesso de suprimentos para o escritório, ou o contrário, pode-se deixar de comprar itens essenciais que terão que ser adquiridos de última hora e por um valores acima da média.

2. Desconhecimento das dificuldades

Um dos problemas mais agravantes que tive foi não conhecer os meus pontos fracos. Desconhecer esse tipo de informação pode levar muitas empresas e escritórios à ruína. A análise SWOT é uma ferramenta muito interessante para conhecer melhor os nossos pontos fortes, que devem ser destacados, e também os pontos fracos, que precisam ser melhorados.

A palavra SWOT é um acrônimo composto pelas palavras: *strengths*, *weaknesses*, *opportunities* e *threats*, ou seja: forças, fraquezas, oportunidades e ameaças. Basta compor um quadro com cada uma delas e listar abaixo as características que deseja avaliar. Veja qual se encaixa melhor em qual coluna e, imediatamente, será mais fácil visualizar seus atributos.

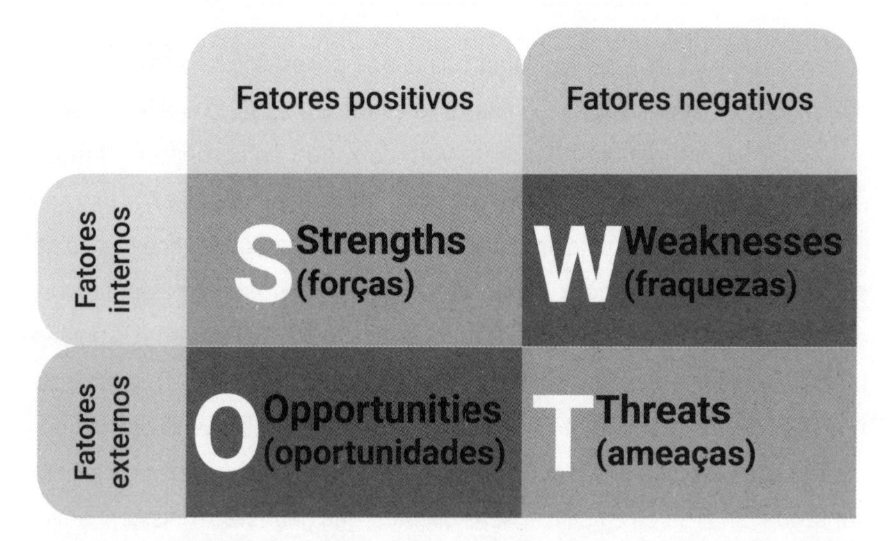

Quando se faz essa análise, o empresário pode proporcionar à empresa uma gestão cada vez mais organizada, preparada para definir os próximos passos de crescimento.

3. A falta de planejamento fica visível nas crises econômicas e políticas

Nunca fui muito ligado ao que estava acontecendo no mercado e isso me custou muito caro. Entenda que, para ter sucesso na sua carreira, terá que fazer coisas de que não gosta. No início, errei muito nesse ponto também. Advogados e advogadas atentos ao mercado e a situação econômica do país, promovem análises e respondem de maneira mais rápidas. Se você é um profissional que não está preparado para mudar sua forma de agir quando uma mudança é necessária, acabará se tornando um escravo das mudanças, e não parte delas.

É a mesma história do presidente da OAB que disse que não queria mudar e que tudo que eu falava não servia para ele nem para os advogados da sua seccional, lembra?

4. Fidelização de clientes é necessária

Quem observa o cenário atual e a economia do país costuma ter um pensamento estratégico e um preparo financeiro mais eficiente para lidar com possíveis crises e adversidades na política, por exemplo. Sem posicionamentos claro e sem fidelizar clientes, essa estrutura não funciona muito bem.

Já parou para pensar no quanto vem deixando de aumentar o faturamento, pelo fato de não estar fazendo o simples dever de casa?

Saber se posicionar e fidelizar clientes é sua obrigação. Se você não sabia disso, estou dizendo agora. Como parte dos requisitos básicos para uma empresa que quer se candidatar à certificação ISO 9001, o sistema de gestão precisa ter missão, visão, valores e os principais objetivos bem definidos. Ao ter esse posicionamento transparente, os clientes saberão com maior clareza qual é o seu posicionamento no mercado. Isso é necessário para consolidar sua marca e fidelizar seus clientes, que ganharão mais confiança. Estou falando da ISO pois foi uma experiência que tive como diretor de minha empresa, Gts Clean Serviços e Comércio, focada na gestão de pessoas e conservação de limpeza, que tinha fortes valores em seu alicerce e eu os trouxe para a advocacia também.

5. Dificuldade de crescimento

Passei um bom tempo sem conseguir crescer em minha advocacia e, boa parte do tempo, sem saber o motivo: eu não conhecia o meu ponto cego. Não sei se este é um método infalível, mas posso garantir que apliquei os mesmos passos que funcionaram para mim em milhares de advogados e advogadas e, até hoje, recebo relatos de sucesso.

Para um desenvolvimento sustentável dentro da empresa é preciso desenvolver planejamento estratégico que considere a quantidade de colaboradores e itens necessários para que o empreendimento alcance um crescimento seguro.

Também é preciso estar preparado para compreender qual é a demanda de trabalho existente e o que precisa ser feito para que todos sejam atendidos sem atrasos. Um aumento de trabalho para uma equipe que não estava preparada pode gerar erros e desgastes, assim como uma contratação mal planejada de novos colaboradores pode piorar uma situação que já estava complicada.

Se você observa que sua advocacia precisa ser aperfeiçoada, venha comigo para os próximos capítulos que irei compartilhar as estratégias e metodologias que uso há alguns anos.

ADVOGADOS MEDÍOCRES, RESULTADOS POBRES

Sempre que falo essa frase, muitos ainda confundem e acreditam que pessoas medíocres são pessoas pobres financeiramente. Venho afirmar que os indivíduos medíocres realmente são pobres, mas em suas atitudes.

Citei alguns *cases* até agora para que você observe as atitudes dos profissionais. Durante cinco anos da minha carreira, fui essa pessoa que estava sempre pronta, mas apenas para fazer o mínimo. Já fui uma pessoa arrogante, que culpava terceiros pelos meus resultados negativos, aquele que reclamava de tudo e para quem nada estava bom.

Uma história que gosto muito é a do autor best-seller Geronimo Theml.[18] O cara é uma das minhas maiores inspirações na área, não só por seus projetos incríveis, mas principalmente pelo poder de decisão e atitude ao sair de um emprego que, para muitos, era considerado como dos sonhos. Gerônimo era advogado da União e pediu exoneração para viver a vida com plenitude e largou a estabilidade que muitos estão buscando por uma missão: mudar o mundo.

E VOCÊ, SABE O QUE ESTÁ BUSCANDO?

____

____

____

18 Professor, *coach*, palestrante e autor do best-seller *Produtividade para quem quer tempo* (Gente, 2016), Geronimo Theml forma *coaches* profissionais com um único objetivo: inspirar e transformar a vida das pessoas.

Você precisa mudar a mentalidade de empregado. Quero que mude esse pensamento logo porque quanto mais rápido você for empreender em sua advocacia, se é que já não está, o jogo será muito melhor. Por exemplo, para escrever este livro fiquei muitas noites sem dormir, assim como fiz quando gravei o conteúdo do AdvogadosdeSucesso.com. Eu não conseguiria ter o mesmo nível de dedicação se precisasse cumprir horários de um emprego em escritório.

Certa vez Renata, uma colega advogada da região de Rio das Ostras – cidade que adotei para ter uma vida com mais qualidade –, me falou o seguinte, bem orgulhosa: "André, eu tenho meu escritório, não dependo de ninguém, não trabalho aos sábados e domingos, nem aos feriados. Só atendo de segunda à sexta, das 9h às 17h". Bem, eu não sei você, mas eu nunca consegui fazer isso, nem trabalhando em escritório, nem com minha própria empresa. Sempre quis mais.

Quando completei 16 anos, fui trabalhar com meu pai como vendedor na loja em que ele era representante. Aprendi muito nessa época. Visitava clientes, ligava para os contatos interessados nos produtos e tirava pedido, sempre essa rotina. Logo percebi que se eu continuasse a fazer exatamente o que todos os outros vendedores faziam, eu me tornaria apenas mais um vendedor de material de construção dentre tantos outros que já tinham passado por lá. Decidi que seria diferente e que me destacaria sempre, não importando com o que estivesse trabalhando. Superar as expectativas é um dos primeiros passos para fugir da mediocridade.

A maioria dos vendedores trabalhava sem ânimo, insatisfeitos com a posição e com o tédio das atribuições, mas sem nenhum planejamento para alterar aquela situação. Enquanto estive lá, eu nunca os critiquei por realizarem o trabalho da mesma forma, mas também não fazia coro às reclamações. Passados muitos anos, encontrei, na cidade em que moro atualmente, um daqueles vendedores, hoje com 70 anos. Ele segue na profissão de vendedor e ainda reclama das mesmas coisas do passado.

Você pode estar perguntando: "Tá, André, mas o que se pode fazer de inovador vendendo material de construção em uma pequena loja?". Eu me esforçava por cada atendimento, vendia como se não houvesse amanhã e muitas vezes fiquei até a loja fechar para não perder mesmo os clientes mais exigentes. Chegou um momento em que preferia pegar o turno da tarde somente para poder conversar com os donos. Lentamente construí uma relação bem próxima com cada um deles e isso foi importante porque aprendi muito com nossas conversas.

Apesar de jovem, eu já compreendia a importância de respeitar o meu trabalho. Era o emprego dos sonhos? Não. Mas nem por isso iria fazer pouco-caso do que estava me possibilitando tantas oportunidades. Cuidado com a desmotivação e o desânimo. Eles podem ser atalhos fáceis para que você se torne uma pessoa medíocre.

CAPÍTULO 4

A LÓGICA DO SUCESSO

SE VOCÊ FIZER ISSO REPETIDAMENTE, O SUCESSO SERÁ INEVITÁVEL EM SUA ADVOCACIA

Em algum momento na sua vida profissional, já se sentiu injustiçado? Difícil responder que não, não é? E é bem provável que você nem saiba o motivo disso. Imagine agora você ali advogando em um dia normal, dando o sangue e o seu melhor, o dia acaba e você continua com aquela sensação de que não conseguiu fazer tudo, de que faltou tempo, que nada de novo aconteceu e tudo só parece piorar. E para completar você ainda encontra advogados menos competentes ganhando muito mais do que você. Com certeza conhece alguém assim.

Vou compartilhar algo que apliquei em minha carreira depois de uma busca incansável para descobrir onde eu estava errando, ou melhor, o que eu não estava fazendo. Buscava uma lógica para o sucesso, me questionava o tempo todo o que estava deixando passar, minha busca envolvia comprar todos os livros nacionais e internacionais e estudos sobre sucesso.

Apenas em 2015 descobri, em minha jornada de crescimento e mudança, que tudo estava ligado ao meu comportamento, a minha forma de agir e pensar e, principalmente, que os fatores externos influenciam muito os meus resultados. Esse ciclo de crescimento que estava vivendo eu chamava de "o ciclo do sucesso".

O CICLO DO SUCESSO NA ADVOCACIA

Você já ouviu a frase "Os ricos ficam mais ricos enquanto os pobres ficam mais pobres".

Não importa o que você esteja tentando realizar na vida, aonde esteja tentando chegar. O primeiro passo para alcançar o resultado que deseja é sempre o mais difícil, pois é necessária muita força para sair da zona de conforto e se permitir crescer.

Se você quiser construir um blog jurídico e ganhar mil reais a cada mês, o primeiro esforço que o leva de zero a mil é o mais difícil. Assim que você conseguir um avanço, as coisas ficarão mais fáceis e rápidas.

Depois de ganhar os primeiros mil reais, ganhar os próximos mil reais não é tão difícil quanto parece. De alguma forma, você já fez isso antes e só precisa repetir ou dobrar o esforço para ganhar dois mil reais, certo?

A primeira Lei de Newton afirma que um objeto em movimento permanece em movimento e um objeto em repouso permanecerá em repouso. O mesmo princípio pode ser aplicado na sua advocacia, no negócio e na sua vida. O primeiro passo para atingir os objetivos que você deseja é o mais desafiador e difícil. Mas, depois de conseguir alguns sucessos, as coisas ficarão mais fáceis. É assim que o princípio do *momentum* funciona.

SE VOCÊ ESTÁ SE MOVENDO E GANHANDO TERRENO, É PROVÁVEL QUE CONTINUE COLHENDO OS FRUTOS E SEGUINDO EM FRENTE.

Por outro lado, se você está travado, é muito provável que continue assim e não vá a lugar nenhum. A menos que você faça alguma coisa e se esforce seriamente, as coisas permanecerão as mesmas. E é por isso que os ricos tendem a ficar mais ricos enquanto os pobres ficam mais pobres. É muito mais fácil não modificar as estruturas às quais você já está adaptado. Espero que isso o faça refletir sobre a necessidade de mudança, melhoria e crescimento e entenda que esse é um trabalho constante.

COMO FUNCIONA O SUCESSO

Todos nós temos uma certa crença e um certo potencial em nós. E a partir do que escolhemos acreditar, agimos de acordo com nosso potencial. À medida que agimos e fazemos alguma coisa, obtemos resultados. Quer seja ele bom, ruim ou nulo, é um resultado. Cada um de nossos resultados afetará nossas crenças. Veja abaixo alguns pontos importantes sobre o assunto:

1. SISTEMA DE CRENÇAS

Todos nós fomos criados e nutridos de tal maneira que temos um certo conjunto de crenças. Acreditamos que existem coisas que podemos fazer e que existem aquelas que não podemos fazer. Essas nossas crenças têm um grande impacto em como vivemos nossas vidas.

Enquanto pessoas muito bem-sucedidas, como Elon Musk, acreditam que tem o potencial de mudar a maneira como os humanos vivem e que colonizar Marte é possível, há uma maioria de pessoas que acha difícil acreditar que um uma possível viagem de lazer à Lua, imagine a possibilidade de colonizar Marte.

Como você pode ver, suas crenças moldam sua vida. Não importa no que você escolha acreditar, essa crença fará você agir de determinada maneira. Sua ação sempre estará em sincronia com suas crenças.

2. POTENCIAL

Sabemos que todos possuímos potencial ilimitado e que estamos destinados ao grande sucesso. Independentemente de suas circunstâncias e situações, todos nós possuímos o mesmo potencial ilimitado para fazer uma mudança positiva e causar um impacto na vida das pessoas ao redor. O problema é que a maioria das pessoas não está vivendo de acordo com seu verdadeiro potencial. Imagine como você passou o ano passado. Você fez o melhor? Os resultados obtidos retratam seu potencial?

Se você está definindo as mesmas metas do ano passado para este ano, não está vivendo de acordo com o seu potencial e não fez o melhor. Você deve redefinir seus objetivos o mais rápido possível. Nossas crenças determinam nosso potencial. E nosso potencial determinará o sucesso que faremos na vida.

3. A AÇÃO QUE VOCÊ EXECUTA

Seu potencial afeta sua ação. Quando você acredita que tem pouco potencial para fazer as coisas acontecerem, você executará muito pouca ação. Entretanto, se você acredita que está realmente destinado ao grande sucesso e que qualquer negócio em que você se aventurar se transformará em ouro, acredite em mim, você fará de tudo para começar um negócio e torná-lo um sucesso estelar.

O problema é que a maioria das pessoas não acredita realmente em si mesma. Elas dizem que querem ter sucesso e acreditam que podem fazer isso, mas o que dizem e o que realmente acreditam são, muitas vezes, duas coisas diferentes.

A maioria de nós não está agindo o suficiente para tornar nossos sonhos realidade porque não acredita, de verdade, que podemos ter sucesso. Isso afeta o potencial de cada um e, portanto, cada ação.

Pense comigo: se você verdadeiramente acredita que tem sorte e que vai ganhar na loteria hoje à noite, você vai comprar um bilhete? Sim, claro que vai. Você vai ganhar a sorte grande, então o que o está impedindo de comprar o bilhete?

Agora, se você não acredita que tem chance de ganhar, não vai se dar ao trabalho de comprar o ingresso. Tudo começa com o que você acredita. É por isso que suas crenças afetam suas ações.

Elon Musk realmente acredita que é possível viajar de modo interestelar e tem certeza de que viver em Marte é possível. E por isso ele agiu. O mesmo vale para seus sonhos e objetivos. Quando você não acredita que é capaz de alcançá-los, nunca fará nada a respeito. Portanto, se você tem vivido a mesma vida repetidamente, ansiando pela vida dos sonhos, mas não está progredindo, examine seu sistema de crenças.

Quem o impede de obter o sucesso que deseja e de viver a vida que deseja não é outra pessoa que não você mesmo.

4. OS RESULTADOS OBTIDOS TÊM INFLUENCIA

Quando eu estava no ensino médio, passei em matemática com louvor, e isso me levou a acreditar que minha habilidade em matemática é boa e que sou talentoso com números.

Meu resultado em matemática foi o que me levou a construir uma crença mais forte de que sou bom em matemática.

Se você tomar uma decisão errada sobre o investimento em ações e perder a maior parte do dinheiro lá, isso pode levá-lo a acreditar que o investimento em ações é uma mentira ou que você simplesmente não tem o que é preciso para se tornar um grande investidor.

Outro exemplo: criei um modelo de negócio on-line na advocacia para internacionalizar minha carreira. Convidei trinta advogados e advogadas para participar, mas apenas cinco aceitaram. Os que não aceitaram justificaram de diversas formas, inclusive que não acreditavam que fosse possível, pois já haviam tido uma experiência ruim, por exemplo.

Quando você cria um negócio on-line que não dá certo, isso pode levar você a acreditar que não tem as habilidades para isso ou que o negócio na internet simplesmente não funciona. Você acaba desistindo.

SEUS RESULTADOS PODEM AFETAR SUAS CRENÇAS E SUAS CRENÇAS INFLUENCIAM SEU POTENCIAL, QUE É PARTE DETERMINANTE DE SUAS AÇÕES. E, COMO NUM CICLO, SUAS AÇÕES LEVAM AOS RESULTADOS QUE VOCÊ OBTÉM.

É assim que funciona o sucesso. É por isso que os ricos ficam mais ricos e os pobres mais pobres. É assim que as pessoas bem-sucedidas continuam a ter mais sucesso e as malsucedidas continuam a viver na mediocridade. Aproveite para assistir uma aula sobre o ciclo do sucesso em um vídeo que preparei para você.

Acesse **www.andreluso.com.br/o-ciclo-do-sucesso** ou use o QR Code ao lado.

SUCESSO GERA MAIS SUCESSO

Você pode ver como funciona o ciclo de sucesso agora? Aqui é ciclo do sucesso:

Nada mais simples, certo? Aqui está um exemplo de como o ciclo de sucesso pode funcionar CONTRA você:

Crenças negativas → baixo potencial → pouca ou nenhuma ação → pouco ou nenhum resultado → crenças ainda piores → potencial ainda mais baixo → ainda menos ação → falha.

Tudo funciona como um elo que qualquer falha afeta e influencia todas as partes. E aqui está um bom exemplo de como o ciclo de sucesso está funcionando PARA você:

O que você acredita → você tem o potencial e talvez possa fazê-lo → você se esforça → recebe pequenos resultados positivos → ganha confiança e constrói crenças mais fortes → exerce mais potencial → executa mais ações → recebe ainda melhores resultados → continua a construir mais sucesso.

A pergunta mais importante que você deve fazer agora é: "Como posso fazer com que o ciclo de sucesso trabalhe a meu favor?".

A resposta à pergunta acima é simples. Aqui estão algumas coisas que você deve fazer para alavancar o ciclo de sucesso para construir maiores sucessos em sua vida profissional:

1. COMECE PEQUENO, OBTENHA RESULTADOS POSITIVOS, DESENVOLVA SUA CONFIANÇA E FORTALEÇA SUAS CRENÇAS

A mudança é necessária, mas isso não significa que você deve fazer tudo de uma vez. Você sempre pode começar pequeno e crescer. Estamos programados para resistir à mudança. E quando você tenta fazer algo muito drástico, o tiro sai pela culatra e o faz voltar ao seu estado original. O que você precisa fazer é realizar pequenas ações que lhe darão resultados positivos que o incentivarão a longo prazo. Quando você recebe resultados positivos e vê pequenos sucessos, ganha confiança e ímpeto.

É por isso que você deve sempre começar pequeno.

E não me entenda mal, não estou dizendo que você deve sonhar pequeno ou mesmo tentar estabelecer metas pequenas. Estou dizendo que você deve começar pequeno, com pequenas ações, até ter confiança para dar passos maiores.

Roma não foi construída em um dia. A Apple não se revelou uma empresa multibilionária da noite para o dia e Elon Musk não fez sucesso com a Tesla e a SpaceX desde o início.

2. COMEMORE O PROGRESSO, POR MENOR QUE SEJA

A próxima coisa que você precisa fazer para que o ciclo de sucesso funcione é comemorar o progresso, não importa o quão pequeno ele seja.

Leia atentamente, estou dizendo que você deve comemorar seu progresso, não apenas suas vitórias.

Celebrar suas vitórias é importante, mas comemorar também o progresso que você teve é essencial. A maioria das pessoas sabe que deve comemorar as vitórias, mas uma grande parte não tem ideia de que também deve comemorar cada pequeno progresso.

Eu, por exemplo, comemoro cada vez que concluo uma tarefa. Eu elogio a mim mesmo por ter seguido meu plano e agido de acordo com ele. Dou um tapinha nas costas mental depois de escrever meus artigos. Digo a mim mesmo que fiz progressos e estou me aproximando de meus objetivos e sonhos.

Isso me faz sentir bem e automaticamente quero tomar mais medidas ou continuar a agir assim no dia seguinte.

Portanto, comemore suas vitórias e também seu progresso.

"QUANTO MAIS VOCÊ ELOGIA E CELEBRA SUA VIDA, MAIS HÁ VIDA PARA CELEBRAR."

OPRAH WINFREY

---

3. COMPROMETA-SE COM O CRESCIMENTO, SEMPRE SE APRIMORANDO PARA OBTER MELHORES RESULTADOS NA ADVOCACIA.

Quando você começa alguma coisa nova, a curva de aprendizado é íngreme e tudo pode parecer difícil. No entanto, à medida que você aprende, cresce e faz mais, as coisas ficam mais fáceis e você pode produzir melhores resultados.

É assim que advogados de sucesso alcançam realizações extraordinárias em suas vidas. Eles se comprometem com a melhoria constante e sem fim. Se esforçam ao máximo para aprender, melhorar e desenvolver suas habilidades.

Na indústria do esporte, os atletas profissionais treinam todos os dias. Eles sabem que quanto mais treinam, melhores se tornam e melhores resultados obterão. Quando ganham ou tem um melhor desempenho, o nível de confiança aumenta, o que os incentiva a treinar ainda mais.

Se você deseja construir uma carreira de sucesso na advocacia, seja no off-line ou na internet, mas não tem ideia de como fazê-lo, aviso que as coisas serão difíceis. Você pode enfrentar muitos obstáculos se não tem ideia de por onde começar.

No entanto, se você participar de um workshop, de um treinamento, ler um livro sobre a área ou tiver alguém para orientá-lo em sua jornada, as coisas serão mais fáceis. Como já vimos antes, quando você obtém resultados positivos, por menores que sejam, a sensação boa faz com que suas crenças sejam fortalecidas. Você diz a si mesmo que pode enfrentar qualquer desafio e toma medidas para produzir ainda mais sucesso.

A única maneira de alcançar maior sucesso na vida é por meio do crescimento e do aprimoramento. Se você não trabalhar para melhorar a si mesmo, não há como produzir melhores resultados. Aqui está o que você precisa saber: você não consegue as coisas que deseja. Você se torna alguém que merece ter o que é desejado.

Em outras palavras, seu sucesso está alinhado com quem você é. Quando você se torna alguém digno de sucesso ele virá até você automaticamente.

4. CONDICIONE-SE A ACREDITAR QUE VOCÊ TEM UM ENORME POTENCIAL PARA ALCANÇAR MAIOR SUCESSO EM SUA CARREIRA.

Você sabe que pode se condicionar para o sucesso de modo consciente? Há muitas coisas que pode fazer, e cito aqui as principais dicas:

- Leia mais livros relacionados a sua área e sobre desenvolvimento pessoal. Quer saber por quais começar? Veja minhas sugestões em www.andreluso.com.br/melhores-livros-para-advogados;
- Converse, conecte-se e misture-se a outras pessoas de sucesso para que essas mentalidades de sucesso possam influenciá-lo;

- Pratique as afirmações positivas e condicione as coisas boas em sua mente diariamente;
- Visualize e imagine o sucesso que deseja. Veja-se já vivendo a vida de sonho que deseja;
- Faça perguntas melhores que o levem a acreditar que o sucesso é possível e que você pode alcançá-lo;
- Estude e leia as biografias de pessoas de sucesso. Ao fazer isso, você fortalece suas crenças de que, se eles podem fazer isso, você também é capaz.

Sempre mergulhe nas informações da área que você deseja se melhorar. Por exemplo, se quer se tornar um grande jogador de tênis, conheça mais sobre o esporte. Aprenda o jogo, jogue mais, encontre e faça amizade com outras pessoas que são apaixonadas por tênis.

Se quer ser um bom comunicador na advocacia, faça o mesmo caminho: aprenda, assista e leia tudo sobre o assunto.

Ao fazer esse movimento, você condiciona ativamente a mente a acreditar que pode sempre fazer melhor e ter sucesso. O mesmo vale para todas as outras coisas na vida. Se você deseja construir uma advocacia lucrativa na internet, aprenda tudo sobre o mundo digital, desenvolva habilidades que o ajudem a lidar com esse público, misture-se a outros profissionais de marketing que fazem sucesso na internet, aprenda e leia o máximo que puder e condicione ativamente sua mente com informações positivas sobre marketing na internet.

Ao fazer isso, você acabará se tornando uma pessoa digna do sucesso que deseja.

LEMBRE-SE: NINGUÉM VAI ENTENDER O JOGO QUE VOCÊ ESTÁ JOGANDO, E MUITAS VEZES A SUA LUTA SERÁ INTERNA, POIS PESSOAS NEGATIVAS, TÓXICAS OU COM CRENÇAS LIMITANTES IRÃO TENTAR IMPEDIR SEU SUCESSO DE DIVERSAS FORMAS.

NUNCA PARE DE TENTAR MELHORAR

É esse o cenário que leva muitos advogados e advogadas a fracassarem ou terem uma vida mediana. Se nenhuma ação for feita para interromper a situação que está ruim, o resultado será catastrófico. Ao não observar a estrutura do ciclo do sucesso para saber o que fazer, a pessoa fica paralisada e o resultado com certeza será negativo.

Então, a partir de hoje, comece a prestar atenção no dia a dia, na sua advocacia e se pergunte: por que estou tendo os resultados que tenho? Por que não tenho clientes? Se você só busca clientes por indicação, o que aconteceria se você tivesse mais ação e iniciativa e colocasse em prática os insights desse livro? Como seriam meus resultados ao entrar para comunidade AdvogadosdeSucesso.com?

Uma vida bem-sucedida consiste em primeiro entender o que está acontecendo internamente, é a busca incansável pelo que está impedindo o seu sucesso, e logo depois seguir o ciclo do sucesso repetidamente. Não existe fórmula mágica. Conhecimento, ação, trabalho das crenças e de volta ao início, aprendendo mais. Essa é a minha lógica, que hoje também está disponível para você.

CASE 7

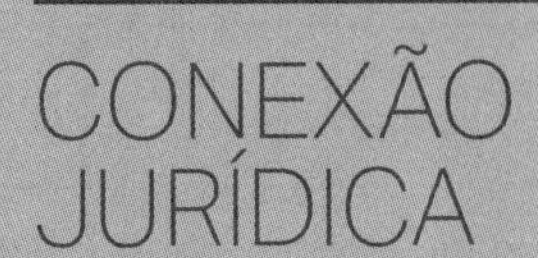

CONEXÃO JURÍDICA

CERTA VEZ FUI QUESTIONADO POR UM ALUNO DE UM TREINAMENTO, NUMA DAQUELAS CONVERSAS QUE SURGEM NOS INTERVALOS:

— Luso, por que você não escreve um livro?

— Quem sabe? Estou em um momento no qual não tenho tempo para isso.

— O que o senhor faz das 4h às 6h da manhã?

Respondi que dormia, mas aquilo me incomodou tanto que chegou a doer. Mais uma vez podemos ver aqui eu me sabotando lá atrás arrumando desculpas para não escrever, para não entrar em ação. Isso era o ciclo do sucesso girando contra, de maneira negativa.

Fique sempre atento!

* * *

Geralmente, o que nos tira da zona de conforto é o que nos transforma e o que nos leva para novos desafios. Foi assim que este livro surgiu.

OS 3MS DO SUCESSO

Estou muito feliz que você chegou até aqui, isso significa que quer realmente transformar a sua advocacia. A partir de agora, terá acesso a todas as estratégias e ferramentas que usei para construir uma carreira de sucesso. Não estou falando somente da minha, mas a de milhares de alunos e alunas que passaram pela plataforma AdvogadosdeSucesso.com. Ao final do livro, pretendo que você seja mais um beneficiado.

Abaixo está a estrutura básica dos próximos capítulos para que fique mais claro o que vou apresentar.

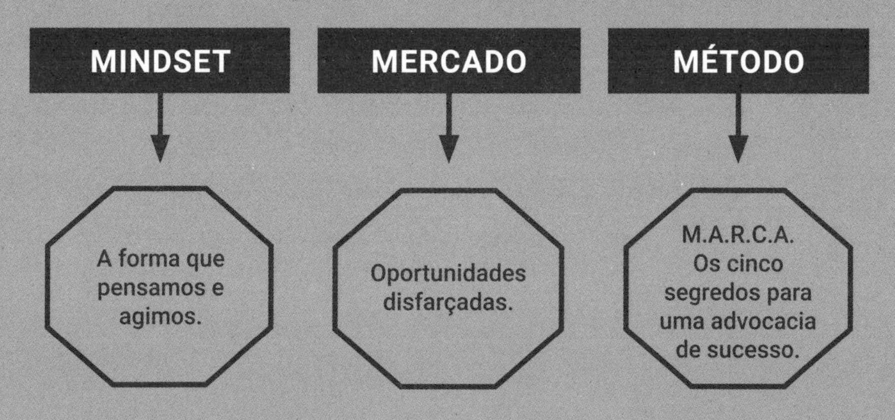

Seja bem-vindo ao meu método de transformação e construção de carreira, validado por mais de 30 mil alunos.

Antes de entrarmos diretamente nos 5 segredos, será necessário passarmos por todo o processo de construção apresentado na imagem anterior. Falaremos no próximo capítulo sobre mindset. Sua jornada do conhecimento para descobrir o caminho para uma carreira de sucesso na advocacia começa por aí. A seguir, vou falar sobre as oportunidades do mercado e, finalmente, apresentar a M.A.R.C.A., uma estratégia que me fez chegar onde estou hoje, que me ajudou a faturar milhões na advocacia, que me levou as melhores parcerias e a ser, hoje, sócio hoje de um ex-ministro em um dos meus negócios. Quero lhe ensinar como levei meus serviços advocatícios para três países, recebendo honorários em Euro, Dólar e Iene, a criar múltiplas fontes de renda na advocacia e, principalmente, a obter maestria para lidar com as adversidades da vida e poder entregar aos meus filhos e todos a quem amo o que há de melhor: educação e amor.

ESTOU MUITO FELIZ QUE VOCÊ CHEGOU ATÉ AQUI, ISSO SIGNIFICA QUE QUER REALMENTE TRANSFORMAR A SUA ADVOCACIA.

CAPÍTULO 5

MINDSET

A MUDANÇA DE MINDSET É O SEGREDO PARA ALCANÇAR AS METAS E AUMENTAR O DESEMPENHO EM SUA ADVOCACIA.

Quando falamos de mindset, abordamos a forma como pensamos, sentimos e agimos, o que herdamos de gerações anteriores e o que aprendemos com as pessoas com quem convivemos. Será que isso influencia nossos resultados? Por que você não está ativando a si mesmo? Se não está fazendo alguma coisa, o mundo está fazendo por você, e se isso está acontecendo, é normal sentir angústia, indignação, distração, desejo de consumo, muita dor e medo. Essas coisas não irão levá-lo a ser alguém diferenciado, nem a dar o melhor de si. Voltará à mediocridade.

Se você quer ter sucesso na advocacia vai precisar descobrir o que é mindset e qual tipo certo você precisa desenvolver na sua carreira jurídica.

Quero deixar bem claro que entre você e o sucesso na advocacia existem muitos obstáculos. Não é tão simples como muitos acreditam.

Vamos a uma definição. Como principal referência hoje, temos Carol Dweck, pesquisadora da Universidade de Stanford, que estuda o assunto. Ela nos fala que existem dois tipos de mindset: o fixo e o de crescimento, sendo que o segundo pode ser chamado de progressivo ou crescente.

Esse é o nosso ponto de partida.

MINDSET FIXO

Como o próprio nome já diz, com esse tipo de mindset as pessoas acreditam que as coisas são do jeito que são e ponto final. Um exemplo é quando alguém diz que a pessoa é inteligente porque nasceu assim. Outro é quando alguém com uma boa retórica acredita que tem o "dom" de falar em público.

Pessoas com esse mindset não acreditam que temos sucesso por persistência ou por força de vontade de cada um. Elas acreditam que os resultados dependem de fatores externos, como exemplo o talento, a sorte.

Quando eu tinha 15 anos minha mãe me inscreveu na escola de música Villa-Lobos, que fica situada no centro do Rio de Janeiro. Nas primeiras aulas que tive já pensava: "O que estou fazendo aqui, isso não é para mim, não tenho talento, não levo jeito para a música, não quero perder meu tempo". Esses foram meus pensamentos naqueles momentos iniciais e, se não fosse a insistência da minha mãe, eu não teria passado daí. Isso é uma prova de que podemos mudar nosso mindset também, pois aqui estou eu. Graças ao apoio da minha mãe, estudei música por quatro anos.

MINDSET DE CRESCIMENTO

Por outro lado, temos o mindset de crescimento. O que muita gente acredita é que esse é o oposto do mindset fixo e não é bem assim. A grande diferença é que aqui você encontra desafios e obstáculos, mas os enxerga como oportunidade de aprendizado e crescimento em sua carreira.

Um exemplo: quando me formei, acreditava que era impossível advogar na área tributária pelas dificuldades de aprender aquele conteúdo que sempre foi muito denso. Minha persistência me fez entender que era uma oportunidade de crescimento profissional e passei a levar aquela dificuldade como um desafio para minha carreira. Um advogado de mindset fixo aqui iria dizer: "Isso não é para mim, é muito complicado, eu estou perdendo tempo, vou para uma área que me dou melhor".

Outro exemplo prático: Muitos colegas nossos, advogados e advogadas, não crescem em suas carreiras por acreditar que a advocacia é o que aprendemos na faculdade e pronto. Que buscar aprender em áreas diferentes, como exemplo em um curso de oratória, irá tomar um tempo importante e que só quem tem talento deve se aperfeiçoar na arte de falar em público. Muitos evitam audiências por acreditarem que apenas poucos tem a habilidade para argumentar em público.

Com as características e exemplos que deixei aqui, você conseguirá descobrir qual é o seu mindset e o mais importante: o que fazer quando descobrir que seu mindset é fixo?

Quero compartilhar com você atitudes do meu dia a dia que ensino aos meus alunos, atitudes que ajudam com o mindset de crescimento. São elas:

TRABALHAR EM CONJUNTO | CORRER RISCOS | COMPARTILHAR | APRENDER A SUPERAR DESAFIOS | ESTUDAR SOBRE INTELIGENCIA EMOCIONAL | SABER RECEBER FEEDBACKS | LIDERANÇA | MENTORAR | CLAREZA DE OBJETIVOS | TRABALHO EM EQUIPE

É importante saber que, se você muda seu padrão mental na advocacia, são grandes as chances de que essas mudanças se espalhem para outras áreas da sua vida. Durante um bom tempo eu tive o mindset fixo e, posso garantir, o mindset de crescimento faz muito mais sentido para mim.

TUDO QUE FRAGILIZA POSTERGA A REALIZAÇÃO DOS SONHOS

Faz muito sentido compartilhar esse assunto aqui, pois foi um dos grandes erros que cometi por muito tempo. Você pode até vir a cometer o mesmo erro em algum momento, mas aqui fica o treino e a disciplina para evitar ao máximo que isso aconteça.

Quando as pessoas me perguntam: "André, como faço para tomar melhores decisões na advocacia?", uma das respostas que dou é a frase do escritor libanês Nassim Nicholas Taleb:[19]

"COMECE ELIMINANDO TUDO AQUILO QUE O FAZ FRÁGIL."

Essa é uma das estratégias que mais ajudam a tomar melhores decisões e virar o jogo. Muitas decisões são tomadas com as emoções à flor da pele, sobretudo quando não há clareza. O extrato final deste cenário são decisões ruins, às vezes catastróficas.

Interferências emocionais somadas à falta de objetivo, clareza mental e princípios nos fazem errar repetidas vezes. Evite fazer escolhas quando estiver agitado.

Pense sobre isso. Quando precisar encontrar uma estratégia para resolver alguma coisa importante, comece por esse princípio. É eficiente e funciona bem.

Em algumas situações, leve em consideração se afastar um pouco do caos, pelo menos para conseguir acalmar seu coração e seus pensamentos para, então, conseguir enxergar com mais clareza. Digo isso por experiência própria. Já estive no caos e quando estamos lá, achamos que não podemos nos afastar porque se fizermos isso, a situação pode piorar. Viver nesse achismo de que não podemos nos afastar é neura. Sempre dá para se afastar, nem que seja um pouco.

ONZE PASSOS PARA UMA SEMANA COM PROPÓSITO

Atualmente é comum iniciarmos e passarmos nossa semana no piloto automático. Muitas vezes nem nos damos mais conta do que estamos fazendo. Vou elencar algumas maneiras de iniciar a semana COM PROPÓSITO. Siga os passos como se fossem mandamentos, Mais adiante, vou

19 TALEB, N. N. **Antifrágil**. São Paulo: BestSeller, 2015.

deixar um espaço para você complementar com outros dois que achar importantes para a sua jornada. Faça de tudo para iniciar a sua semana do jeito certo, afinal, **um bom começo já é a metade do caminho.**

1. Não aceite conselhos construtivos de quem nunca construiu nada na vida;
2. Não deixe que as pessoas importantes na sua vida impeçam suas realizações. Quem ama você de verdade irá se beneficiar de seu sucesso;
3. Ninguém vai entender o jogo melhor do que você. Siga em frente sempre e lembre-se: não importa a velocidade, mas a direção;
4. Aprenda a fazer aquilo que realmente faz sentido na sua vida e não aquilo que é conveniente.
5. Prioridade, como o nome já diz, é apenas uma;
6. Não confunda motivação e força de vontade, são coisas distintas, importantes a sua maneira. A primeira faz você começar e a segunda faz você vencer. Motivação se cria, não espere por ela sentado;
7. Você terá que se desequilibrar agora para se equilibrar depois. Não procure por equilíbrio desde o começo, procure significado. Há coisas que só farão sentido mais para frente na sua jornada;
8. Encare o trabalho como uma ponte para o seu projeto de vida. Tenha clareza do que deseja para não se perder no caminho;
9. Nem todas as tarefas têm a mesma importância. Decida suas prioridades e elimine o que é desnecessário. Nem todas as montanhas valem a escalada;
10. Treine a coragem e a capacidade de enfrentar desafios. Viva na sua mente algumas possibilidades como forma de proteger de um imprevisto;
11. Pense em progresso, não em perfeição. Use a comparação a seu favor. Sua mente vai sempre escolher o caminho mais fácil, ela é preguiçosa;
12. Aprenda a dizer não.

Este espaço agora é seu, escreva dois passos que você considera importantes para uma semana com propósito. Vamos construir algo juntos.

13. ______________________________

____

____

14. ______________________________

____

____

Ao terminar, fotografe e poste em suas redes sociais, lembre-se de me marcar lá! Quero muito acompanhar seu sucesso.

AS DEZ LIÇÕES SOBRE MENTALIDADE QUE MUDARAM A MINHA ADVOCACIA

Ainda pensando em dicas, aqui estão as melhores lições que aprendi nos últimos anos, utilizei muito em minha advocacia e, principalmente, na minha vida pessoal. Falam sobre como definir nossas mentes para o sucesso! É uma forma de você acelerar o processo. Arrebenta!

Quer mudar sua mentalidade e fazer o melhor para todos?

1. TOME UMA DECISÃO

> **"A MAIORIA DAS PESSOAS NÃO TÊM A CORAGEM DE TOMAR DECISÕES DIFÍCEIS PORQUE QUEREM TOMAR AS DECISÕES CERTAS, ENTÃO NÃO TOMAM NENHUMA DECISÃO. E ISSO É UMA DECISÃO."**
>
> **TONY ROBBINS**

Tomar a decisão em direção a uma vida ideal é o primeiro e mais difícil passo para viver essa vida. Sem ela, você permanecerá onde está para sempre. O motivo pelo qual ainda continua com os mesmos resultados tem a ver com a decisão que ainda não tomou. Mas se fosse assim tão fácil, todos o fariam todos os dias.

Por que os advogados não tomam as decisões necessárias para mudar suas vidas, saindo de simples funcionários para empreendedores de sucesso? Porque estão com medo. As pessoas geralmente têm essa ideia monstruosa de que tomar uma decisão as obriga a modificar tudo da noite para o dia, o que torna tudo completamente inatingível e assustador.

- E se você tomasse decisões pequenas e viáveis em relação aos seus objetivos?
- E se decidisse hoje apenas se inscrever em uma aula de oratória?
- E se decidisse me enviar uma mensagem agora me convidando para uma *live*?
- E se decidisse praticar exercícios uma vez por semana?

Essas são decisões que mudam vidas!

Posso garantir que isso é verdade porque eu saí de 111 quilos para 85 quilos a partir da decisão de caminhar 500 metros por dia, pois era o que eu aguentava na época. Isso me fez sair da inércia e conquistar o corpo e saúde que tenho hoje.

A tomada de decisões é como um músculo, quanto mais você trabalhar, melhor serão os resultados. Em breve, você estará pronto para tomar as grandes decisões.

Para mim, a decisão que mudou minha vida foi quando decidi aceitar o desafio de ministrar palestras e treinamentos em Manaus, por todo o Mato Grosso do Sul e em Porto Velho, nessa ordem. Esse trabalho abriu minha mente para todas as outras possibilidades do que poderiam transformar minha vida. Se eu não tivesse tomado uma decisão pequena e passível de ação cinco anos atrás, nem sei onde estaria hoje. Posso dizer que minha mente estaria em um lugar totalmente diferente e eu com certeza não teria escrito este livro.

Então, decida. Tome uma pequena decisão. Dê um passo em direção ao seu objetivo. Decida alguma coisa hoje.

Tome uma decisão todos os dias, persista e sua vida mudará!

Quais são as decisões que você está postergando tomar? Mergulhe e aja em direção a elas!

Escreva abaixo, agora, a decisão que tomará hoje! Somos nós dois agora, estou com você.

Eu ______________________________, decidi ____________________

____

____

____

____

____

____

Agora tire uma foto e poste em suas redes sociais como uma forma de compromisso. Não esqueça de me marcar!

2. USE O TIPO CERTO DE VOCABULÁRIO

As palavras que você usa, pronunciadas ou não, têm muito poder!

É importante mudar o vocabulário para se adequar a sua mentalidade. Uma pessoa que usa frases negativas como "não posso", "não quero" e "sou incapaz", por exemplo, não é, absolutamente, alguém que está caminhando para o sucesso. Em vez disso, é bem possível que essa pessoa esteja paralisada, deprimida, com raiva do mundo e farta de si mesma.

No entanto, o que aconteceria se essa pessoa apenas mudasse o vocabulário? De imediato, nada mudaria, exceto que a pessoa acordaria usando frases como: "Eu consigo fazer X", "Sou capaz de tentar X hoje". Você acha que, em algumas semanas, essa pessoa teria uma vida completamente diferente? Eu tenho certeza.

Use palavras que se encaixem na pessoa que você deseja se tornar. O livro de Tony Robbins, *Desperte o seu gigante interior*,[20] trata do tema e contém uma lista completa de palavras que você deve evitar. Palavras são importantes. Elas têm força. Escolha as que deseja usar e DELETE aquelas que sabe que estão prejudicando sua evolução.

Pense em como seu vocabulário pode estar limitando seu sucesso.

Você tem usado palavras derrotistas para descrever sua situação? Evite também as palavras "sempre" ou "nunca" do vocabulário. Use adjetivos positivos para descrever você e sua vida. Use palavras inspiradoras para descrever seus sonhos. Deixe seu vocabulário guiar você para o seu sucesso!

3. MUDE SUA HISTÓRIA

Qual é a versão da história que você conta a si mesmo sobre sua vida? Como você conta as coisas que acontecem durante o dia? Isso é ligeiramente parecido com o vocabulário que usa. Aqui quero que você repense o raciocínio que faz das coisas que acontecem ou não.

Por exemplo, percebi que a história que estava contando a mim mesmo era que pessoas de sucesso fazem as coisas sem esforço; que o trabalho vem naturalmente e está sempre alinhado ao que esses sortudos desejam. Essa narrativa estava me arruinando porque me dizia que qualquer trabalho que não viesse naturalmente e parecesse difícil não era algo que eu deveria estar fazendo. Você pode imaginar o problema que essa mentalidade me

20 ROBBINS, T. **Desperte o seu gigante interior**: como assumir o controle de tudo em sua vida. Rio de Janeiro: BestSeller, 2017.

causou por um tempo, eu tinha um grande desprezo pelo trabalho necessário que deveria ser feito. Comecei a perceber a falácia dessa história quando comecei a ler mais sobre como as pessoas de sucesso são realmente trabalhadoras e lutam por suas conquistas.

Mudei a trama que costumava me contar e o trabalho já não parecia mais tão pesado.

Aposto que você tem um monte dessas histórias que conta a si mesmo e que estão impedindo seu sucesso na advocacia. Aqui estão falas problemáticas, veja se reconhece algumas: "Quem trabalha não tem tempo para ganhar dinheiro", "Nunca serei rico porque não tenho os clientes certos e bons contatos". Será que já pensou assim: "Ah, jamais vou ganhar 5 milhões com a advocacia" ou "Pessoas ricas ajudam pessoas ricas". Ouço isso o tempo todo, mas há muitos exemplos de pessoas que provam o contrário.

Preste atenção às razões que você dá para não estar onde gostaria.

Encontre os motivos por trás disso. Trabalhe nisso até que a história que você conta se alinhe à realidade que deseja criar.

4. DEFINA O SEU CORPO PARA TER SUCESSO

Tenho loucuras que já extrapolaram minha mente. Um excelente exemplo é meu ritual matinal insano: pular em água gelada para acordar meu corpo. Sim, faço isso todas as manhãs. Acordo, entro no mar, em uma piscina sem aquecimento ou naquele banho gelado, não importa onde, sempre faço. Vou deixar bem claro que não gosto de tomar banho frio, mas às vezes é necessário para o crescimento profissional e pessoal. Estou preparando a minha mente para a escola da vida e nela será preciso fazer muitas coisas que não gosto para obter o sucesso profissional e pessoal.

"Mas por quê? Por que você faz isso, André?" Porque acredito que quando o corpo faz, a mente segue. Desperte seu corpo e sua mente ficará desperta.

Isso é chamado de mudança de estado. Você pode fazer isso sem precisar de um balde de água gelada.

Qual é a sua postura neste momento? Como você se comporta? Como se veste? Como está seu rosto neste exato momento?

Experimente mudar o seu estado físico: sente-se, ajeite a postura, coloque um sorriso no rosto, vista-se como um personagem, uma simulação de quem você gostaria de ser, levante-se, vista-se como uma personalidade ou profissional que admira, e veja se tudo isso não tem um efeito imediato na sua mentalidade. Absolutamente.

Então, chega de desleixo, dispense as camisetas grandes que o fazem parecer abatido. Anime-se, inspire-se no personagem que criou e seja quem você deseja ser. Aprenda a mudar e controlar seu estado todos os dias e sua mente seguirá o exemplo!

5. USE O PRINCÍPIO DO PRAZER SOBRE A DOR

A primeira vez que li sobre dor e prazer no livro *Desperte o seu gigante interior*,[21] de Tony Robbins, fiquei impressionado. O autor defende que tudo o que fazemos na vida, fazemos para fugir da dor ou para sentir prazer. Por que isso é importante? Bem, porque precisamos fazer algumas coisas que nos causam dor (pagar contas, por exemplo) e precisamos correr para muito, muito longe de outras coisas que nos dão prazer (comer demais).

Como podemos usar esse princípio para ter mais sucesso na vida profissional? Jogando dor/prazer de cabeça para baixo. Em vez de se concentrar no prazer de encher o prato, concentre-se na dor de estar acima do peso, no incômodo de estar inchado e cheio, no cansaço que vem com o peso. Torne esse sentimento grande e brilhante em sua mente. Quanto mais você fizer isso, deixando a situação mais dolorosa do que prazerosa, será mais difícil e improvável que você coma em excesso. Faça este exercício mental várias vezes com atitudes negativas e você sentirá mais dor do que prazer nesses momentos.

Não é uma dica incrível? Experimente com procrastinação, maus hábitos de trabalho, sono etc. Fará maravilhas!

---

21 Idem.

6. ESTUDE, ESTUDE, ESTUDE

Pessoas bem-sucedidas são as mais bem informadas. Elas estudam, leem, acompanham tendências do mercado, novidades, as últimas desonerações fiscais e as dicas mais atuais de autoajuda. Elas vão a conferências. Eles vão a reuniões. Participam de tribos, por exemplo eu e uma tribo dentro do AdvogadosdeSucesso.com e outra com o grupo Mentes Jurídicas. Pessoas bem-sucedidas conversam sobre o que aprenderam, não sentem medo de discutir aprendizados. E elas leem, leem muito.

DICA: TENHA SEMPRE UM LIVRO NA MÃO. LIVRO DIGITAL PARA MIM NÃO DÁ CERTO, TENHO DISTRAÇÕES DEMAIS NO TELEFONE PARA LEITURA, MAS SE FUNCIONAR PARA VOCÊ, TÁ VALENDO!

---

7. MEDITE

Acredito piamente em definir o estado do seu corpo para o sucesso. Postura, despertar o corpo etc., mas e a mente? O que você faz para ter certeza de que a mente está preparada para o sucesso? Alguns meditam, o que é ótimo e recomendado por muitos. Cheguei a comentar com alguns amigos que tenho um pouco de dificuldade, pois minha mente é rápida demais. O que tenho feito é algo que conheci há pouco tempo, chamado de *Kapalabhati Pranayama*.[22] Parece um pouco complicado e supostamente apenas para praticantes avançados, mas tente conhecer. Logo após esses exercícios, pratico a gratidão e faço minhas orações.

Todas as manhãs, depois de definir meu estado com um mergulho frio, me preparo mentalmente. E você? Como você prepara sua mente todos os dias? Você medita? Passa de cinco a dez minutos sozinho para definir suas metas e intenções para o dia? Faz exercícios respiratórios? Reza? Pessoas de

---

22 *Kapalabhati Pranayama* é uma técnica respiratória revigorante. Ajuda a limpar os pulmões, os seios da face e o sistema respiratório, fortalecendo o diafragma e os músculos abdominais. Esse exercício também estimula e energiza o cérebro para trabalhos que requerem alto foco. Saiba mais em: HOW to Practice Kapalabhati Pranayama in Yoga. **YOGA Outlet**, 12 abr. 2015. Disponível em: https://www.yogaoutlet.com/blogs/guides/how-to-practice-kapalabhati-pranayama-in-yoga. Acesso em: 14 maio 2021.

sucesso em todo o mundo falam continuamente sobre como é importante definir sua mente para o sucesso.

Comece o dia com uma rápida sessão de meditação, um rápido exercício de respiração, uma oração e muita gratidão. Prepare sua mente para o sucesso e pavimente o caminho para o resto do dia.

8. CONECTE-SE COM OUTROS HUMANOS

A conexão com outros humanos é uma das necessidades essenciais da nossa espécie. O que isso significa é que nunca nos sentiremos verdadeiramente realizados até aprendermos como nos conectar com outras pessoas. Não basta apenas estar perto de pessoas de quem mal gostamos no trabalho, não é apenas sair com amigos que nem sabemos por que ainda temos contato. É necessária uma conexão profunda e real.

Como você pode se conectar com outras pessoas? Tudo começa com a comunicação. Melhore sua comunicação com outras pessoas e atenderá sua necessidade de se conectar. "Mas como fazer isso, André?"

Primeiro, comece sendo honesto. Mostre a sua verdade, não se esconda atrás do que acha que as pessoas querem ouvir ou da máscara que você acha que as pessoas querem que você seja. Seja você mesmo. As pessoas certas, que o valorizam pelo que você é, entrarão em sua vida no momento certo. Se você já tem um parceiro, seja aberto e honesto com ele – mas gentil. Muitas pessoas confundem pura honestidade com grosseria.

Em segundo lugar, construa relacionamento com as pessoas. *Rapport* é um conceito da psicologia que pode ser traduzido como sentimento de comunhão. Você pode fazer isso fazendo perguntas às pessoas, buscando coisas em comum; também pode fazer isso por meio da linguagem corporal. Quem me conhece sabe que sou um grande defensor da construção de *rapport* por meio do espelhamento – espelhe sua respiração, seu tom de voz, seu nível de energia, sua postura e expressões faciais. Isso não significa negar sua identidade e tornar-se um fantoche do outro, pense que é uma forma de criar uma conexão instantânea com as pessoas.

Quanto mais você melhorar sua comunicação com os outros, mais profundamente se conectará e atenderá a essa necessidade humana crucial.

9. MUDE O FOCO

Em que você se concentra? Você pensa constantemente sobre o que poderia ter sido, o que deveria fazer mas não quer, o que está errado em sua vida, o que outras pessoas fizeram e você não, o que ainda não realizou?

É o seguinte: quanto mais você pensar sobre essas coisas, mais elas serão atraídas para você. Quanto mais você se concentrar no que você NÃO quer, mais você gasta sua energia pensamentos negativos.

Você já ouviu falar do truque do elefante rosa?

Aqui vai: Não pense em um elefante rosa. Não pense em um elefante rosa. Não pense em um grande elefante rosa com manchas pretas. Não pense em um elefante rosa. Não pense em um elefante rosa com manchas pretas enormes na floresta. No que você pensou? Um elefante rosa, provavelmente. E quanto mais específico e exagerado eu fico, mais você adiciona detalhes ao elefante. Não importa muito que eu disse a palavra "não". Isso não importa porque para onde o foco vai, a energia flui. Mesmo que seja aquilo que você não queira.

Você deve pensar no que você quer. Não no que você não quer ou não tem. Acorde pensando no que você deseja realizar naquele dia. Veja o Instagram pensando em inspirações para seu *feed*. Pense no que você poderia fazer hoje para chegar onde deseja estar. Concentre-se em seus objetivos e apenas neles todos os dias. É para onde sua energia fluirá.

10. SEJA GRATO SEMPRE – APRECIE E AGRADEÇA

A gratidão extrema é uma das minhas marcas registradas tanto quanto a programação neurolinguística. Sou muito grato por tudo. Quem já recebeu um e-mail ou mensagem minha, com certeza já leu: "gratidão sempre". Na verdade, parte da minha rotina matinal de preparação é ser grato. Todas as manhãs, reserve um tempo para expressar gratidão – para ser grato pelas oportunidades que você tem, pelas pessoas em sua vida, por poder viver a vida que você tem. Mesmo que você tenha ganhado e trabalhado por tudo isso. Seja grato.

A gratidão muda as coisas. Você está totalmente no controle de seus pensamentos e emoções. Só você tem o poder de pensar no que quiser. E se estiver preso em uma rotina, chateado com a vida, ansioso sobre onde você deveria estar neste momento, zangado com pessoas que não o ajudaram (ou o machucaram), desapontado com você mesmo, a gratidão mudará tudo.

Reserve um pequeno momento todos os dias para sentir gratidão. Você não precisa agradecer a Deus se não acredita nele, apenas seja grato.

Esta é minha frase de gratidão diária:

Sou grato por meu corpo, que é capaz de fazer o que eu quero. Sou grato por minha mente sã, que é capaz de criar coisas maravilhosas. Sou grato pelas oportunidades apresentadas a mim e pela capacidade de criar as minhas próprias. Sou grato às pessoas em minha vida, mesmo àquelas que me ensinaram lições da maneira mais difícil.

AGORA É SUA VEZ. ESCREVA SUA GRATIDÃO AQUI, AGORA MESMO.

____

____

____

____

____

____

____

A partir de agora tente pensar nelas todas as manhãs, você vai sentir a diferença.

SER ADVOGADO

Você pode transformar qualquer cenário caótico em um ambiente ordenado. O inverso também é possível. Qual é o real motivo para cada vez mais advogados e advogadas considerarem o sucesso na carreira um caos?

A resposta está logo abaixo, nessas três palavras.

SER | FAZER | TER

Lembra quando meu filho disse que queria TER sucesso na vida? Naquele momento cheguei a comentar que a ordem estava invertida, TER antes de SER e FAZER. Além do mais, naquele momento ele ainda não tinha em mente a fotografia do quebra-cabeça da própria vida. Se você não tem essa clareza, a jornada será mais árdua, então vamos lá.

A todo tempo vejo muitos colegas na advocacia escolhendo viver prazeres imediatos, ganham honorários e já compram um carro, um relógio ou viajam. É uma grande inversão, na verdade. Talvez esse seja seu primeiro contato com este assunto ou já tenha lido sobre e nunca aplicou, mas precisa começar a entender o que é prioridade.

Eu só passei a ter uma independência financeira de verdade quando inverti essa ordem. Sempre uso o exemplo do AdvogadosdeSucesso.com, pois todo o processo foi uma escola para mim também, ali tive consciência que deveria ser um líder na advocacia, e somente a partir daquele momento passei a fazer e ter as coisas que sempre quis.

Acredite plenamente em você. Sua vida pode ser mais, sua carreira pode ser mais, você pode optar por algo melhor, por mais amor, conquistas e realizações. Quero que você responda a seguir, com toda a sinceridade, humildade e dedicação a esses três importantes blocos de perguntas. Lembrando que fará isso com no mínimo quinze linhas, use o espaço que reservei como rascunho, se necessário, pois quanto mais você escrever, melhor será a sua compreensão do contexto atual e, como consequência, do caminho que será desenhado para seu futuro agora mesmo.

a) SER

- Quem é você como ser humano?
- Quais são suas crenças limitadoras?
- Quais pensamentos o entristecem?
- Quais pensamentos o alegram?
- Quais são seus piores comportamentos e manias?
- Quais são suas habilidades mais elogiadas?

____

____

____

____

____

DICA: **ESSE É UM EXERCÍCIO QUE FAÇO FREQUENTEMENTE PARA ME AJUDAR A RESPONDER A ESSAS PERGUNTAS. FAÇA O SEGUINTE: ESCOLHA TRÊS PESSOAS PRÓXIMAS A VOCÊ, AQUELAS QUE FARIAM QUALQUER COISA PARA PROTEGÊ-LO. PARA SEU PRÓPRIO BEM. ENVIE PARA CADA UMA DELAS UMA MENSAGEM, UM E-MAIL OU UM ÁUDIO, VOCÊ ESCOLHE O MELHOR MEIO, COM A SEGUINTE MENSAGEM: "OI, FULANO(A), VOCÊ PODE ME FALAR TRÊS QUALIDADES E TRÊS DEFEITOS QUE TENHO? SEJA SINCERO(A), SE POSSÍVEL ME DÊ EXEMPLOS DE SITUAÇÕES QUE LEMBRA".**

Quando eu fiz isso pela primeira vez, foi uma catástrofe. A nossa primeira reação é a negação, então esteja aberto aos comentários e aceite, não retruque nenhum deles. O objetivo aqui é aceitar e descobrir o motivo pelo qual você se tornou assim. Foi com esse diálogo que descobri o motivo de ainda não ter alcançado o sucesso pessoal e profissional.

Agora vamos conhecer mais sobre você.

b) FAZER

- O que você tem feito da sua vida?
- Onde ou com o que tem trabalhado?
- Qual a principal qualidade da sua advocacia?
- Seus resultados são satisfatórios?
- Quais são seus programas sociais?
- Quais seus lazeres?
- Quais os locais e círculos você frequenta?
- Quais são os impactos de suas ações em sua família, amigos e na sociedade?
- Quais são os impactos de suas ações em sua carreira?
- Se você morresse hoje, que falta faria ao mundo e a quem o rodeia?

____

____

____

____

____

DICA: **ESSAS SÃO PERGUNTAS ABERTAS QUE, NECESSARIAMENTE, FARÃO VOCÊ REFLETIR BASTANTE. ISSO GERA UM IMPACTO MUITO POSITIVO QUANDO REALIZADO PLENAMENTE. CERTA VEZ MEU FILHO,**

NA ÉPOCA COM 7 ANOS, ME DISSE ASSIM: "PAI, EU PREFIRO ESSA SUA VERSÃO AGORA, POIS VOCÊ JÁ NÃO GRITA COMIGO PARA ENSINAR AS COISAS, VOCÊ ME ENSINA CONVERSANDO". É ESSE TIPO DE MUDANÇA QUE PROPONHO.

---

c) TER

- O que você tem no campo material?
- Onde você mora?
- Qual carro tem?
- Como está o seu guarda-roupa?
- Você conta com reservas financeiras?
- Quais são os seus bens?
- Você viaja com a família?
- Você tem qualidade de vida?

DICA: POR PIOR QUE A SUA ADVOCACIA ESTEJA, FOI VOCÊ O CONDUTOR DESSE CAMINHO E CHAMO ISSO DE RESULTADO, NÃO NECESSARIAMENTE DE FRACASSO. O QUE ESCREVI ACIMA É UMA COISA QUE ACREDITO HÁ UM TEMPO. PODE PARECER MUITO DURO, MAS PEÇO QUE ENTENDA QUE NÃO É UMA ACUSAÇÃO E SIM UMA REALIDADE. ACEITAR O LIBERTARÁ PORQUE É UMA FORMA DE DEIXAR CLARO QUE VOCÊ SE COLOCOU NESSA SITUAÇÃO E SE PERMITIU ESTAR ONDE ESTÁ. COM ISSO EM MENTE, É MUITO MAIS FÁCIL ENCONTRAR FORÇAS PARA MUDAR.

FUTURO PROFISSIONAL

Depois de toda a reflexão sobre SER, FAZER e TER, pense agora sobre os seus desejos e objetivos. Faça a seguir uma projeção extraordinária da sua advocacia. Escreva sobre a vida com a qual você sempre sonhou profissionalmente. Não há limites aqui para sonhar.

O que gostaria de ser, fazer e ter em sua carreira profissional? Fale sobre os sonhos mais extraordinários, sem julgamentos de que é impossível. Veja uma vida extraordinária. Permita-se planejar.

____

____

____

____

____

____

DICA: IMAGINE QUE VOCÊ GANHOU UM QUEBRA-CABEÇA DE MIL PEÇAS, O QUE VOCÊ FAZ PRIMEIRO? OLHA A CAPA, ENTENDE A IMAGEM E SÓ DEPOIS COMEÇA A MONTAR. COM NOSSA VIDA PROFISSIONAL É A MESMA COISA, SEM ESSA IMAGEM MENTAL O CAMINHO É MAIS LONGO, TEM MAIS DESAFIOS E ÀS VEZES DESISTIMOS POR NÃO SABER POR ONDE SEGUIR.

Agora que já passou por essa etapa de autoconhecimento, faça a comparação da visão de carreira extraordinária que acabou de escrever com a que escreveu anteriormente. Veja que caminhos pode seguir para se aproximar do extraordinário. Lembre-se de que as circunstâncias são criadas por você, por isso, somente você pode mudar esse jogo. Será necessário romper com o passado e ter muita disciplina para manter essa mesma visão e comportamento de vitória, independente das condições externas.

AS 6 QUALIDADES DOS ADVOGADOS BEM-SUCEDIDOS

Você quer ter sucesso em sua advocacia? Se pensar como os advogados mais bem-sucedidos e cultivar os mesmos hábitos, isso será possível.

Mas o que torna alguém um grande realizador? Aqui estão seis características que mapeei a partir da observação de diversos advogados e advogadas de sucesso. Durante os últimos anos venho tentando aplicar em minha própria vida com resultados cada vez mais consistentes.

1. São ambiciosos

Advogados de sucesso são determinados e sabem que sempre podem melhorar. Sabem que são realmente bons no que fazem e têm autoconfiança. Esse foi um grande bloqueio que impediu meu crescimento por muitos anos. Quando via pessoas crescendo profissionalmente, naturalmente presumia que eram melhores do que eu. Se eram melhores do que eu, eu tinha razão em me sentir inferior.

Esse é um grande problema em nossa sociedade: temos sentimentos de imparidade, e muitas vezes esses sentimentos se traduzem em sentimentos de injustiça.

2. São corajosos

Advogados bem-sucedidos trabalham para enfrentar os medos que impedem a maioria dos outros advogados. Os dois maiores inimigos do nosso sucesso são o medo e a dúvida.

Quando você faz alguma coisa repetidamente, desenvolve um hábito. Ao longo da vida, crie o hábito de fazer coisas que o assustam. Se fizer o que teme, a morte do medo é certa.

Portanto, enfrente o medo. A capacidade de enfrentar o medo é a marca de uma pessoa superior. Se você tem uma grande ambição e decidiu que quer estar no topo, enfrente seus medos e faça as coisas que o estão impedindo. Essas duas ações, por si só, farão de você um grande advogado de sucesso.

3. Estão comprometidos

Os melhores advogados e advogadas em todos os campos estão totalmente comprometidos. Acreditam em si mesmos, em seus escritórios, em sua advocacia; em seus produtos e serviços; acreditam em seus clientes. Eles têm um intenso foco no que devem e vão fazer.

Sabemos que existe uma relação de um para um entre a profundidade de sua crença e o que acontece em sua realidade. E se você acredita na correção e na bondade do que está fazendo, torna-se um catalisador. Você cria o que é chamado de transferência, como uma transferência elétrica de entusiasmo.

Pessoas que não estão comprometidas com o que fazem levam vidas muito vazias. Cuidar é um elemento crítico na vida – todos os homens e mulheres que têm uma vida sucesso se preocupam e levam a sério tudo o que fazem. Eles têm paixão pelo processo, amam o que fazem. Ame a sua advocacia.

4. Estão preparados

Advogados de qualidade revisam cada detalhe com antecedência, fazem coisas que os colegas medianos não estão dispostos a fazer. E a diferença entre o trabalho de um e de outro é extraordinária, então torne-se um advogado de sucesso extraordinário começando pelos detalhes.

Antes de ir para uma reunião, prepare-se. Antes de fazer um discurso, pesquise as informações e pratique seus pontos de discussão. Mergulhe fundo e revise cada detalhe de cada situação antes de assumi-la. Seja um questionador do próprio discurso e descubra onde está sua vulnerabilidade.

Advogados bem-sucedidos estão mais preocupados com resultados favoráveis do que com métodos agradáveis. Não há nada mais lisonjeiro para sua equipe, cliente, e público do que a sensação de que você se preparou cuidadosamente.

5. São alunos contínuos

Os grandes advogados de sucesso reconhecem que se não estão continuamente melhorando, estão piorando. Eles leem constantemente e sempre buscam treinamento adicional. O profissional não para de aprender. Portanto, leia muito, faça do aprendizado algo contínuo, nunca pare de aprender.

Para aqueles que são empreendedores isso já deve ser algo intrínseco, mas para os que ainda são funcionários, seja trabalhando em um escritório ou em um órgão público, isso deve ficar bem claro: não deixe de se atualizar sobre as inovações e mudanças da área.

6. São responsáveis

Os advogados de alto nível têm uma atitude autônoma. Isso é essencial porque você trabalha para si mesmo, mesmo quando está em uma empresa. O maior erro que podemos cometer é pensar que trabalhamos para alguém. A pessoa que assina nosso contracheque pode mudar, nossos empregos podem mudar, mas nós somos os mesmos e devemos sempre agir com isso em mente. Nós somos únicos e constantes.

O fato é que isso não é opcional – é obrigatório. Você é o presidente da sua carreira, da sua vida, das suas finanças, do seu corpo, da sua família, da sua saúde. Você é totalmente responsável pelas suas atitudes, então é seu dever ser responsável por suas atitudes. Ninguém jamais fará isso por você. Perceber que você é o presidente de sua própria vida é um dos pensamentos mais libertadores e estimulantes que existem.

O MAIOR ERRO QUE PODEMOS COMETER É PENSAR QUE TRABALHAMOS PARA ALGUÉM.

CAPÍTULO 6

O MERCADO DA ADVOCACIA

O MERCADO DA ADVOCACIA

Faremos aqui uma análise do atual cenário para prever os novos acontecimentos e disrupções. O objetivo dessa observação é poder agir agora mesmo, antes que as coisas mudem e você não possa acompanhar. Chegou a hora de expandir a sua advocacia e defender os seus interesses, analisando o que está acontecendo agora.

CASE 7

NOVOS NICHOS PARA EXPLORAR

A ADRIANA É UMA AMIGA QUERIDA E UMA MEGA PROFISSIONAL. UM DIA ELA ME PERGUNTOU COMO FUNCIONA A TRIBUTAÇÃO DOS INFOPRODUTOS. QUERIA SABER COMO É A EMISSÃO DE NOTAS FISCAIS QUANDO SE VENDE CURSOS ON-LINE. TAMBÉM TINHA DÚVIDA DE COMO SERIAM OS TRIBUTOS CASO TIVESSE UM COPRODUTOR OU SE FIZESSE VENDAS A PARTIR DE UM AFILIADO. AÍ EU PERGUNTO, SERÁ MESMO QUE O MERCADO ESTÁ SATURADO? OLHA QUANTA DÚVIDA, É NOTÓRIA ESSA DOR QUANDO HÁ UMA NOVIDADE NO MERCADO. IMAGINE QUANTOS ESTÃO COM O MESMO PROBLEMA! A CRISE VEM E VAI, MAS NOVAS OPORTUNIDADES VÃO SURGINDO DIARIAMENTE. O QUE TEMOS DE FAZER É ESTARMOS PREPARADOS. SE FICARMOS PARADOS, VAMOS CONTINUAR COM OS MESMOS RESULTADOS DE SEMPRE E NUNCA VEREMOS ESSAS OPORTUNIDADES SURGIR.

MERCADO SATURADO PARA QUEM?

Em conversas que tenho em meu *mastermind*[23] e acompanhando empresas do Vale do Silício, fica claro o que todos estão falando a respeito do presente: Aqueles que quiserem escalar suas empresas precisarão de duas coisas, obrigatoriamente: inteligência emocional e empreendedorismo.

23 Popularizado pelo escritor estadunidense Napoleon Hill, *mastermind* é a harmonização e a sinergia de mentes em torno de um objetivo em comum, formando uma "mente superior" em busca de soluções para problemas da empresa, por exemplo.

Todos nós sabemos que o número de advogados registrados na OAB aumenta a cada dia. Em todos os seminários que apresento, assim como em todos os treinamentos que realizo, faço a mesma pergunta: "Quantos de vocês querem prestar concurso público e quantos querem advogar de maneira autônoma?". Quase que em massa a turma vota para concurso público, é uma média de 93% das pessoas. Isso é um problema muito grave, pois existe também a porcentagem mínima dos que realmente são aprovados, o que significa que os não aprovados entram para o mercado da advocacia sem querer advogar, mas o fazem por necessidade e obrigação por questão de sobrevivência.

Sabemos que a advocacia não é uma atividade mercantil nem empresarial, mas um serviço público e com função social de acordo com o Estatuto da OAB.

Vamos ser sinceros mais uma vez: se a sua advocacia não é *pro bono* ou se você não advoga para órgãos públicos, fica bem claro que uma de suas principais finalidades no exercício dessa profissão é o lucro, sem qualquer sombra de dúvida. Logo, para que possamos atingir o propósito deste capítulo, vou encarar a advocacia como um negócio que visa ao lucro.

Vou compartilhar abaixo os resultados do Censo Jurídico que foi publicado pela ProJuris em 2019,[24] no qual foram ouvidos advogados e advogadas de todo o país.

RESULTADOS DO CENSO PROJURIS 2019

- 43,4% são advogados autônomos, enquanto 25,6% trabalham em escritórios de advocacia;
- 43,2% possuem uma equipe de trabalho de até cinco pessoas e 30,7% trabalham completamente sozinhos;
- 46,2% trabalham na área cível, 11,1% na área trabalhista e 11,4% na área empresarial;

24 2ª EDIÇÃO do Censo Jurídico. **ProJuris**. São Paulo, 2019. Disponível em: https://www.projuris.com.br/censo-juridico-2a-edicao/. Acesso em: 10 maio 2021.

- 32% indicam o mercado saturado como principal vilão para 2019;
- 36% indicam a economia do país e a desorganização como principais vilões para 2019;
- 58% dos participantes trabalham com correspondentes;
- 95% dos profissionais já usam WhatsApp a trabalho;
- 6,7% dos entrevistados acreditam que a grande tendência do mercado jurídico em 2019 será a Proteção de Dados.

Tá, mas e aí, André?

Com esses números você poderá observar que a maioria dos advogados possui um comportamento muito parecido: escolhem a mesma área para trabalhar, trabalham sozinhos ou com uma equipe reduzida. Bom, aqui podemos tirar algumas conclusões iniciais: ou esses profissionais buscam diminuir suas despesas mensais, estão iniciando na advocacia e acreditam ser mais fácil ter uma estrutura enxuta, estão seguindo o que a maioria faz sem pensar muito no motivo ou estão evitando a divisão de lucros com sócios e funcionários. A consequência disso é bem simples, conforme falamos sobre o ciclo do sucesso no Capítulo 3: se você inicia poucos processos por mês, terá uma renda baixa. Essa enorme fatia que representa o mercado saturado da advocacia vou chamar de oceano vermelho, pois, de fato, é onde se concentra uma competição muito acirrada, ocasionando uma renda menor e uma quantidade mínima de casos para cada advogado. Quero lembrar que, para ter uma renda maior, o número de processos deverá também ser maior, assim como a sua energia demandada para todo o processo.

Em pesquisas que venho realizando com diversos profissionais, a maioria dos entrevistados tinha consciência do problema, sabia do mercado saturado nessas áreas, tinha ciência de que poderia ganhar mais apostando em outros nichos, mas alguns deles continuam sem qualquer ação para mudar sua situação real e outra parcela se contenta com ações medianas de reação.

ESTANDO NA MÉDIA EM SEU PADRÃO DE COMPORTAMENTO, VOCÊ JAMAIS TERÁ UM RESULTADO ACIMA DA MÉDIA.

Complementando um pouco o assunto, para sair da média é preciso ter coragem, ousadia e visão. Fora da média existe risco e nem sempre, teremos apoio da nossa família e dos colegas. Eu e a maioria dos empreendedores que conheço passamos por isso. "Tá, André, como sair da média se fomos treinados a vida toda a nos mantermos dentro de um padrão?", você me pergunta.

Vamos lá!

A nossa relação com a média começa cedo, quando estamos na escola e somos avaliados pela média das notas que tiramos. Se estivermos dentro da média, ótimo, aprovado! No vestibular, na faculdade e ao chegar no mercado de trabalho o comportamento se repete. Aparentemente, a média é um lugar aceitável, confortável e de maior proteção para boa parte das pessoas.

Isso é algo que devemos estar atentos o tempo todo, pois a estatística é muito grande e, na maior parte do tempo, tomamos ações medianas em nosso dia a dia. Quando eu digo, por diversas vezes neste livro, que o jogo é seu, é porque pessoas próximas a você, como seus familiares, amigos e colegas de trabalho, tentarão, mesmo que inconscientemente, lhe travar, lhe tirar do bordo, da sua direção. Por não entenderem a sua jornada e pela satisfação por viver dentro da média durante toda a vida.

Quando escrevi este livro, deixei de velejar, de jogar vôlei, de remar, de dar a atenção necessária para as pessoas que amo na mesma intensidade que antes, sabe por quê? Porque o sacrifício é de todos e aqueles que entenderão mesmo depois que você explicar vão continuar a não entender até que mudem o mindset. Muitos cresceram limitados, outros querem nos proteger e acabam nos atrapalhando e outros só pensam neles mesmos, na verdade.

DICA: SEMPRE ESCOLHA VOCÊ NO JOGO DA SUA JORNADA, AS PESSOAS QUE AMAM VOCÊ DE VERDADE IRÃO SE BENEFICIAR DO SEU SUCESSO.

MEDIOCRIDADE SIGNIFICA POSIÇÃO MEDIANA. NA ESCOLA, FOMOS TREINADOS PARA ESTAR NA MÉDIA, PARA PODER PASSAR DE ANO. FOMOS TREINADOS PARA SEMPRE BUSCAR A MEDIOCRIDADE. A MELHOR MANEIRA DE ESTAR NA MÉDIA, OU NA MEDIOCRIDADE, É SEGUINDO A BOIADA. TENHA CORAGEM DE PENSAR FORA DA CAIXA E SEGUIR O PRÓPRIO RUMO.

A boa notícia para quem pretende sair dessa parcela é que dá tempo de não ser engolido pela concorrência na advocacia, pois ainda existem maneiras de se destacar nesse mercado que muitos chamam de saturado.

CASE 8

ESTEJA ALERTA PARA OPORTUNIDADES

EM FEVEREIRO DE 2021 FUI INDICADO PARA UM POTENCIAL CLIENTE NA FRANÇA. EU NÃO TINHA IDEIA DO QUE SE TRATAVA, MAS TOPEI CONVERSAR COM O CLIENTE. NO DIA SEGUINTE FALEI COM O FRANCÊS, QUE QUERIA DAR ENTRADA EM SEU VISTO DE INVESTIDOR E NÃO SABIA COMO FUNCIONAVA A LEGISLAÇÃO BRASILEIRA. ELE ESTAVA À PROCURA DE UM ESPECIALISTA PARA RESOLVER ESSE PROBLEMA.

Olha que mercado interessante que se abre! Muitos colegas de carreira acabam focando apenas em uma área na advocacia, área que às vezes está muito saturada, deixando de olhar para uma direção completamente diferente, podendo inclusive receber em outra moeda.

As perguntas, nessas horas, são bem importantes, primeiro para conhecer o caso a fundo para saber orientar o cliente e, segundo, para saber se ele pode precisar de outros serviços.

No caso do francês, ele estava comprando uma pousada em Morro de São Paulo e logo em seguida queria dar entrada no visto. O grande problema é que ele não tinha ninguém ajudando na compra da pousada. No final, nosso contrato foi fechado com um honorário de 3 mil euros para auxiliar juridicamente em ambos os serviços.

Compartilhei esse meu próprio *case* pois esse cliente me abriu novas portas a clientes no exterior. A partir dali, criei algumas estratégias de vendas com páginas de serviços específicos para atender clientes na Europa, Estados Unidos, China e Japão, apresentando uma nova esteira de produtos.

Acredite, a advocacia não está saturada. Cada vez mais surgem novas oportunidades.

***

"Onde, então, há espaço na advocacia, André?"

Uma vez identificado onde se encontra a grande concorrência na advocacia, fica mais fácil perceber qual caminho seguir, é uma questão de estratégia. Se o mercado está saturado de advogados, a resposta para o sucesso é uma advocacia de alto nível, onde ainda há espaço para crescimento, que é o que chamo de escalar na advocacia.

Você verá boa parte das minhas estratégias aqui e, posteriormente, na plataforma AdvogadosdeSucesso.com.

A ADVOCACIA CONTINUARÁ SATURADA PARA OS ADVOGADOS MEDÍOCRES. COMO SEI DISSO? EU FUI UM DELES.

Iniciei minha advocacia no Direito penal, e fazia também outras ações dentro do cível e familiar. Foi apenas em 2011 que entrei fundo no Direito tributário. Naquela época ainda não tinha os conhecimentos de hoje, tinha a mente muito limitada e cultivava pensamentos medíocres que me levaram a ter resultados medíocres. Julgava a área tributária como muito fechada, com um tipo de profissional entediante. Minha mente me sabotava mais uma vez. Como poderia falar assim da minha própria carreira e dos meus colegas advogados? Depois de entender que o problema era eu por falta, ainda, de conhecimento da área tributária e por conexões erradas que estava fazendo, o jogo mudou completamente.

Para você que acredita que sempre tive um DNA empreendedor, está enganado. Comecei como você, passei por todos os desafios, mudanças e transformações necessárias. Se hoje estou compartilhando a minha vida aqui é porque realmente tive uma transformação absurda e é essa mudança que quero para você agora.

Peço atenção especial aos dados abaixo, retirados do censo da ProJuris,[25] vamos lá.

Como prioridades para o novo ano, 55% dos entrevistados indicaram querer estudar mais, 42% querem trabalhar em contratos mais lucrativos, 37% pretendem expandir a presença no mercado e 28% querem melhorar o marketing.

Foram indicados como tendências para 2019: a inteligência artificial (23,6%), a automação de tarefas (20,3%), o *compliance* (13,2%) e o marketing digital (11,4%).

Podemos ver que as intenções são no sentido de **ampliar o conhecimento**, **fechar contratos mais lucrativos**, **conquistar uma parcela maior do mercado** e **aplicar estratégias de marketing**.

Com relação a **ampliar o conhecimento**, você já deu o primeiro passo aqui, isso se chama processo para o sucesso. Parabéns por ter chegado até aqui, já trilhou boa parte do caminho.

---

25 Idem.

Você conhece alguém que quer emagrecer, mas reclama de ter que ir à academia, ter que se alimentar melhor, ter que dormir melhor? Você sabia que o sono é o comportamento mais característico de nossa existência?[26]

Você conhece alguém que quer entrar de vez no mundo digital e já ter os mesmos resultados de quem já está há um, dois, três, quatro ou cinco anos no mercado? Ele reclama que tem de fazer campanhas, de escrever e-mails, fazer *lives*, fazer postagens, criar conteúdo de valor, estudar sobre estratégias marketing, fazer testes e também da demora dos resultados? Nada é tão fácil de se conquistar, é necessário esforço diário.

Amplie o conhecimento ao máximo, pois isso vai ajudar na escalada para a construção da sua carreira.

NÃO EXISTE ATALHO NEM FÓRMULA MÁGICA PARA O SUCESSO NA ADVOCACIA. EXISTE MUITO TRABALHO, FOCO E DISCIPLINA. NÃO EXISTE SUCESSO SEM PROCESSO.

Vou falar algo sobre **contratos mais lucrativos** na advocacia: não quero que mude de área neste momento, quero que busque ideias e abra sua mente primeiro dentro da sua área de atuação, depois expanda para as outras.

Vejamos alguns exemplos:

---

26 O neurocientista e especialista em sono Matthew Walker estuda sobre como o sono afeta cada aspecto do nosso bem-estar físico e mental na obra *Por que nós dormimos: a nova ciência do sono e do sonho* (Intrínseca, 2018).

CASE 9

TENHA UM FOCO

LUIZ É UM ADVOGADO QUE ACABOU DE PEGAR A SUA OAB, ELE NÃO SABE POR ONDE COMEÇAR E ACABA ABRAÇANDO DIVERSAS ÁREAS NA ADVOCACIA. SAI ATIRANDO PARA TODOS OS LADOS. QUANDO PERGUNTAM PARA ELE O QUE FAZ, ELE DIZ QUE ATENDE TODAS AS ÁREAS. LUIZ TEM UM CARTÃO COMO FORMA DE DIVULGAR SUA ADVOCACIA, ALÉM DE INDICAÇÕES. É O TÍPICO CLÍNICO GERAL DO DIREITO. QUAL A PROBABILIDADE DE LUIZ ESCALAR A SUA ADVOCACIA? VOCÊ CONHECE ALGUÉM QUE FAZ TUDO AO MESMO TEMPO E CONSEGUE TER SUCESSO EM TUDO? É MAIS PROVÁVEL QUE CONHEÇA ALGUÉM QUE FAZ TUDO AO MESMO TEMPO E AO MESMO TEMPO NÃO FAZ NADA.

Márcio acabou de pegar sua OAB, e orientei ele assim: você irá se posicionar como especialista em Sucessões. De imediato irá falar sobre as diferenças entre testamento e inventário, falar sobre os benefícios e vantagens entre um e outro, criaremos um e-book, você irá escrever um artigo para alguns sites. Em seu blog, vai postar um vídeo sobre o assunto, compartilhar em diversas mídias sociais e iremos rodar algumas campanhas para isso tudo. O objetivo dessa estratégia é alcançar 10 mil pessoas e juntar todas em um vídeo gravado ou webinário ao vivo. A taxa de conversão aqui é a seguinte: 5% de quem alcançamos com os posts irá assistir e 20% desses fechará contratos.

* * *

Percebe a diferença entre as duas situações?

No caso do Márcio, podemos pensar em uma estrutura de divulgação muito bem planejada. Pensemos assim, então:

- Objeto: Testamento;
- Alcance: 10 mil pessoas;
- Conversão para aula gravada ou ao vivo: quinhentas pessoas (5%) que participarão da aula ao vivo;
- Conversão em contratos: cem pessoas (20%) que assinarão contratos;
- Honorários iniciais: 2 mil reais por contrato;
- Lucro bruto: 200 mil reais.

O que estou compartilhando aqui é mensurável e real. Estou dando estatísticas de nossos alunos e mentorados da plataforma AdvogadosdeSucesso.com. Você pode observar que não é a área de atuação, mas a forma que está levando a advocacia. Temos diversos outros exemplos de jovens advogados e até de advogados com carreiras de mais de quinze anos que mudaram sua relação com os clientes. Veja um exemplo de um projeto que fiz em parceria com outro escritório:

- Objeto: Ação de Energia Tust/Tusd logo no início;
- Alcance: 100 mil pessoas;
- Conversão para aula gravada ou ao vivo: 5 mil pessoas (5%);
- Contratos fechados: setecentos contratos fechados em noventa dias;
- Honorários iniciais: 2 mil reais por contrato;
- Lucro bruto: 1,4 milhão de reais.

Agora olhe para sua área e busque problemas de potenciais clientes que você pode vir a resolver e, a partir daí, trace algumas estratégias. Caso queira mudar de área, não há problema algum, pode aplicar o exemplo acima para ter uma ideia de honorários ou pode buscar um parceiro caso já tenha alguns clientes que não estão dentro da sua especialidade. Vou citar alguns exemplos abaixo de áreas que já atuamos e de alguns alunos. Não tem como exemplificar cada um deles pela extensão e diversidade de situações, pois isso tudo é feito em aulas, com vídeos mensalmente publicados na plataforma AdvogadosdeSucesso.com, que sugiro ser o seu próximo passo depois de ler este livro.

No curso de tributário já aplicamos essa estrutura para ações de energia, ICMS, FGTS, combustível, planejamento tributário entre outros.

Nas demais áreas já aplicamos em contratos imobiliários, contratos de *personal trainer*, consumidor, divórcio consensual, pensão alimentícia, previdenciário, inventário, testamento, visto de investidor, *legal letter*, consultoria para importação e assim por diante.

Quando falamos em **conquistar uma parcela maior do mercado**, **os resultados** irão depender de diversos fatores que você verá mais para frente no método que utilizamos.

A verdade é que são poucos os profissionais que tomam atitudes para sair da advocacia mediana e é justamente por isso que há, ainda, bastante espaço para ser explorado. Não é tão difícil quanto parece, você pode começar procurando em sua própria cidade, por exemplo.

Faça isso agora, digitando no Google e listando quantos advogados são conhecidos como verdadeiras autoridades em uma determinada área do Direito em sua região. Ou até mesmo consulte a advocacia de seus colegas de profissão.

Quantos advogados possuem site? Quantos, de fato, publicam um conteúdo de qualidade nesses ambientes? Quantos se preocupam em criar uma *newsletter* e quantos buscam se tornar uma autoridade on-line? Quantos criam webinários? Quantos fazem *lives*, ministram palestras informativas e permanecem em evidência?

Olhando por esse lado, você perceberá que, para conquistar uma parcela maior do mercado, é necessário fazer mais do que anda fazendo. Se você ainda não fez 1 milhão de reais na advocacia em doze meses, tem alguma coisa que ainda não está fazendo direito.

O RESULTADO QUE VOCÊ TANTO ESPERA NA ADVOCACIA ESTÁ NA AÇÃO QUE VOCÊ AINDA NÃO TOMOU OU DESCONHECE.

A essa altura, você já percebeu que realmente não existe fórmula mágica e que ficar esperando por clientes ou tomar ações medianas levará a resultados medianos.

Uma boa estratégia de marketing é um bom começo. Lembre-se de que será um conjunto de ações que devem ser tomadas de modo organizado e não tentativas pontuais. O marketing é a cereja do bolo em nossa advocacia. O gigantesco valor do marketing trará mais clareza para definir qual caminho deve ser percorrido para garantir que você tenha destaque em um mercado de alto nível, deixando a concorrência de lado.

Agora que já viu tudo isso, responda: qual é a sua visão sobre o mercado da advocacia daqui para frente e qual será sua próxima ação?

____

____

____

____

____

Sempre faço essa pergunta em meus treinamentos. Veja as respostas de alguns colegas:

JOÃO FERNANDES

As transformações sociais e econômicas vêm ocorrendo em alta velocidade. O mercado da advocacia será uma aliança entre conexões sociais e digitais, personalização no atendimento e resultados cada vez mais efetivos.

JOANA RODRIGUES

Assim como a sociedade está em constante mudança, o Direito precisa acompanhar toda essa evolução. A advocacia 5.0 chegou. Processos digitais, marketing digital, cuidar da segurança cibernética e tecnologias de gestão são áreas em desenvolvimento e o advogado(a) precisa estar atento e implementar essas ferramentas de automação e inteligência artificial. Uma nova era se aproxima.

ANA PAULA CAMARGO

A advocacia atual, como uma profissão multifacetada, necessita de reinvenção a todo momento. Diferente do passado, o mercado exige novos conhecimentos *full time*.

Se o profissional deixar de se empenhar em ser o diferencial, a advocacia dele não se sustentará. A regra de hoje é: ninguém chega a lugar algum sozinho. A advocacia, também não.

ISADORA SOUZA

A advocacia precisa se adaptar às novas realidades sociais. Isso acontece constantemente e mais ainda nos últimos anos. É um momento que assombra, e o medo nos faz muitas vezes abandonar nosso real propósito e pode nos paralisar.

Esse é um momento de olhar para sua própria história e se jogar de acordo com suas verdades, com o que realmente lhe traz felicidade. Não dá mais para ignorar que a revolução tecnológica existe, e isso não vai mudar, é preciso se adaptar, sempre há lugar para todos, mas é preciso agir e lutar.

Se abandonamos o sonho por medo do fracasso, não é pela profissão, é por estarmos ainda agarrados a crenças que nos limitam. Se você quer sucesso, precisa mudar. Busque conhecimento, desenvolva-se, pratique repetidamente até dar certo, não seja cópia, escolha um modelo de advocacia, inspire-se e desenvolva o próprio modelo de sucesso. Se outros conseguiram, você também consegue!

As tendências nos mostram a importância de compreender o mundo digital para não ficarmos estagnados. Como podemos ver até agora, uma parte do mercado já compreende a relevância de se ter uma estratégia digital na advocacia e de desenvolver diversas habilidades, inclusive o uso do marketing para criar autoridade on-line, expandir os negócios e passar a receber honorários maiores.

O QUE ESPERAR DO FUTURO DA ADVOCACIA?

> **"A REALIDADE É QUE O DIREITO EVOLUIU E A FORMA DE ADVOGAR TAMBÉM MUDOU.**
> **HÁ UMA NOVA FORMA DE TRABALHAR COM A ADVOCACIA, NOVOS NICHOS DE ATUAÇÃO, UM NOVO JEITO DE FAZER MARKETING, NA GESTÃO DO ESCRITÓRIO DE ADVOCACIA ETC.**
> **AS NOVAS TECNOLOGIAS VÊM SENDO INSERIDAS DE MANEIRA MACIÇA NO JUDICIÁRIO E NOS ESCRITÓRIOS DE ADVOCACIA. UMA IMPORTANTE REVOLUÇÃO DIGITAL QUE VEIO PARA AGREGAR DE MODO CONSIDERÁVEL NA ÁREA DO DIREITO. MAS O MAIS IMPORTANTE DE TUDO ISSO É ARRISCAR-SE A FAZER O QUE AMA E DEIXAR DE LADO AS CRENÇAS LIMITANTES. O RETORNO CERTAMENTE VIRÁ.**
> **DIGO A VOCÊ: É POSSÍVEL SIM TER SUCESSO NA ADVOCACIA.**
> **RESSIGNIFIQUE SUA ADVOCACIA!"**
>
> **JAMILA ETCHEZAR**

Tudo muda muito rápido e você precisa estar ligado principalmente nesses pontos. O restante é muita execução, é tomada de decisão para iniciar todo processo de evolução. Falamos muito sobre as novas tecnologias dentro do AdvogadosdeSucesso.com, pois a velocidade de inovações é tão grande que vai desatualizar rapidamente o que colocar sobre o assunto neste livro. Aqui, deixo algumas dicas que não perdem validade nunca, fique atento:

- Novas oportunidades irão aparecer, nem todas são para você;
- Você precisa estar atento ao mercado e entender o que se passa;
- Fique de olhos abertos para as *lawtechs*,[27] *fintechs* e novas tecnologias que aparecerem;
- Novas mídias sociais surgem o tempo todo. Aprenda a usá-las para escalar sua advocacia, impactando públicos diferentes;
- Pegue tudo, entenda, aprenda e aplique em sua advocacia; só depois filtre o que potencializa e faz sentido usar.

A cada dia que passa, surge uma inteligência nova, um novo recurso ou mídia social, como é o caso do ClubHouse,[28] que explodiu de maneira meteórica em dezembro de 2020. Temos também temas como a inteligência artificial, Advocacia 5.0 e *Blockchain*. Tudo isso vem rondando o advogado mais antenado e muitas previsões vão surgindo a todo momento. Hoje eu já vejo muitos escritórios trabalhando com robôs. "Será que os robôs vão roubar os empregos dos advogados?" São vários questionamentos que temos e devemos fazer. E sobre a justiça do futuro, será totalmente virtual?

Não passe muito tempo questionando as possibilidades e lembre-se de que o futuro da advocacia é agora.

O que aconteceu nos últimos anos foi um grande avanço tecnológico: uma nova geração de advogados chegando, processos e peticionamentos eletrônicos, QR Codes em processos, intimações sendo enviadas pelo WhatsApp, audiências on-line e diversos aplicativos e *softwares de ponta*[29] impactando nossa advocacia, dando um novo rumo a nossas carreiras. Contratos eletrônicos, certificado digital para advogados, mensagem

---

27 *Lawtech* (ou *legaltech*), é um termo para definir as empresas que desenvolvem produtos e serviços digitais voltados para o mercado jurídico.

28 Clubhouse é uma rede social formada por salas de bate-papo temáticas com participação exclusiva por áudio. O aplicativo da empresa Alpha Exploration Co. teve um grande crescimento no final de 2020.

29 Não vou citar aqui os softwares de gestão e arquitetura da informação pela velocidade de mudanças e inovações. Dentro da plataforma AdvogadosdeSucesso.com sempre abordamos as melhores tecnologias do mercado.

instantânea, automação de publicações que facilitam nosso dia a dia, *backups* e planos de contingências, automatização de e-mails, robôs respondendo mensagens por nós, gráficos nas petições, *e-readers*, serviço especializado em tecnologias para advogados, tecnologia da informação... a lista não para de crescer.

Essas facilidades nos permitem ter uma rotina mais flexível e menos burocrática na advocacia. A boa notícia é que elas devem evoluir ano após ano, trazendo ainda mais benefícios ao advogado moderno.

Em cinco anos passei por Campo Grande, Manaus, Passo Fundo, Porto Velho, Brasília, Rio de Janeiro e São Paulo, além dos diversos municípios próximos dessas cidades. Por boa parte desse tempo fui advogado nômade digital. Isso mesmo, meu escritório virtual funcionava muito bem e, não importando onde eu estava, gerava minhas campanhas de marketing on-line e off-line sem deixar a produtividade e bons resultados de lado, assim como hoje é natural ser um advogado em *home office*.

Sempre aproveitei as chances que apareceram com clientes. As minhas idas para o interior dos estados foram os momentos em que observei as maiores oportunidades, pois enquanto advogados locais reclamavam de advogar no interior, eu aproveitava os clientes que eles dispensavam.

Certa vez fui conhecer uma distribuidora no interior de Rondônia. Assim que cheguei, a secretária me informou que já haviam advogados na empresa e eu respondi de imediato: não estou aqui como advogado, estou querendo conhecer a empresa e como ela funciona. Disse que era do Rio de Janeiro e que estava realmente querendo conhecer algumas empresas na região. Por mais antiga que essa estratégia seja, funciona até hoje. Meu pai sempre me dizia que relacionamento é poder.

É aquela história, quando você conhece alguém, não pede em namoro ou casamento e nem sai beijando logo de cara, não é? Eu já tentei e não deu certo. Com cliente é a mesma coisa, aposte em relacionamento, relacionamento e relacionamento.

Fiz isso com dez clientes em Rondônia e fechei dezessete ações tributárias com eles, três contratos de *compliance* tributário e duas parcerias com *compliance* trabalhista indicando outro escritório. Até hoje mantemos os clientes dessa região e sempre nos nutrimos com informações e atualizações de processo.

POR MAIS TECNOLOGIA QUE TENHAMOS, AS PESSOAS PRECISAM DE PESSOAS.

É verdade que trabalhar a distância por si só já é um grande passo para o futuro da advocacia. Quem imaginaria, há pouco tempo, que estaríamos fazendo audiências virtuais hoje?

Alguns escritórios mais conservadores começaram a ver nessa possibilidade uma forma de aumentar a produtividade sem perder o controle da equipe e das atividades, já outros se perderam pelo caminho. Hoje não há como ignorar tudo que está acontecendo no mercado da advocacia. Se não sabe por onde começar, busque ajuda, um consultor, uma mentoria, busque a sua tribo.[30]

A advocacia já não é uma profissão isolada. Quanto mais pensamos no futuro da profissão, percebemos que agregar conhecimentos e práticas de áreas complementares só faz evoluir o negócio jurídico e a maturidade profissional dos advogados.

Em uma de minhas viagens conheci um empresário que era dono de frigorífico. Nos encontrávamos sempre para conversarmos. Como sabe, minha estratégia parte sempre do relacionamento, depois entregar alguma coisa de valor que vai ajudar em algum problema. Dificilmente você irá me ver oferecendo algum serviço antes de me relacionar com o potencial cliente, mesmo que seja um amigo.

---

30 Tribo é um movimento desenvolvido pelo autor para unir advogados e advogadas que possuem o mesmo objetivo: o resultado. Por meio do programa Mentes Jurídicas, reúne advogados e advogadas de todo Brasil para faturarem milhões na advocacia.

Esse amigo tinha um problema de tributação na empresa, sempre reclamava e acreditava estar pagando errado. A contabilidade nunca explicava direito o que estava acontecendo. Quero deixar claro aqui que nada tenho contra a profissão de contador, existem médicos, assim como advogados e contadores, ruins.

Logo perguntei ao empresário se outros colegas do ramo já tiveram este problema. Ele me disse que o contador prestava serviço para mais seis empresas da área, eles tinham até um grupo de WhatsApp. É nessa hora que orquestramos a estratégia.

Assim, o convidei para um almoço.

Você percebe a jogada do convite?

Primeiro você entrega. O mercado da advocacia, assim como outros, envolve muito relacionamento.

Não sei se já ouviu o termo democratização do conhecimento: foi isso que aconteceu nesse caso do empresário. Descubra uma forma de espalhar a solução, disponibilizar seu conhecimento para mais pessoas. Eu fiz tudo ali no presencial, mas hoje temos o mundo digital. Estudar o mercado também traz clientes na advocacia.

A CULTURA DO COMPARTILHAMENTO

Muitos profissionais ainda veem a advocacia como um ambiente de rivalidade e alta competitividade. O tempo passa e pouca coisa muda neste caso, apenas quem já tem um mindset de construção ultrapassa esse problema, e mesmo assim você pode encontrar profissionais querendo trilhar o caminho sozinho. Nada contra, é uma questão de princípios e valores, cada um acredita no que é melhor para seu negócio.

Essa quebra de paradigma tem contribuído para a criação de comunidades que eu chamo de tribos, redes de apoio e *networking* entre advogados, como é o caso do movimento AdvogadosdeSucesso.com. Posso afirmar que é um ambiente onde todos saem ganhando e os negócios jurídicos tendem a ter mais sucesso.

Outro exemplo é o nosso encontro do mentesjuridicas.com, onde temos encontros semanais em forma de mastermind para discutir estratégias que ajudem o grupo. Outro modelo também foi a criação do evento conexaojuridica.com, um evento de três dias em que falamos sobre o desenvolvimento pessoal e profissional do advogado e da advogada. Nosso modelo de negócio nos treinamentos é como se fosse um *hackathon* jurídico.[31]

A mudança de mindset é fundamental para que você possa acompanhar a evolução da advocacia. Podemos observar também que essas mudanças não são as únicas que estão acontecendo, e nós advogados precisamos nos posicionar e adotar comportamentos e ações que venham a contribuir para um cenário de inovação na advocacia. Só assim será possível se preparar para o que ainda está por vir.

NICHOS LUCRATIVOS

Existem muitas possibilidades no futuro da advocacia, e alguma delas com certeza estão em suas mãos. Não vou entrar em detalhes, mas vou exemplificar algumas áreas e nichos de mercado que nossos alunos da plataforma AdvogadosdeSucesso.com já passaram:

- Consultoria para servidores;
- Direito da tecnologia da informação;
- Contencioso cível;
- *Compliance* trabalhista e tributário;
- Mediação, conciliação e arbitragem de conflitos extrajudiciais;
- Advocacia sobre relações institucionais;
- Tributário, planejamento tributário, recuperação de créditos, consultorias e simples nacional;

31 Um *hackathon* jurídico é uma competição de programação que tem como objetivo o desenvolvimento de soluções que impactem positivamente área jurídica e, consequentemente, a sociedade como um todo. Saiba mais em: https://blog.unyleya.edu.br/vox-juridica/insights-confiaveis4/hackathon-juridico-afinal-o-que-e-isso/

- Agronegócio (como economizar tributos no agronegócio, sustentabilidade, financiamento, investimento, *traders* e registro de terras);
- Direito internacional;
- Direito trabalhista consultivo;
- Direito eleitoral;
- Direito penal;
- Direito ambiental;
- Consultoria para infoprodutores.

UM MERCADO DE MILHÕES EM HONORÁRIOS

Entenda por que advogados e advogadas que prestam serviços para nichos têm grandes chances de vencer a concorrência ou até torná-la irrelevante. Em qualquer das áreas de atuação acima, você pode desenvolver um modelo para lidar com o mercado, que em alguns casos serve para diversas áreas.

Quando se cria serviços para atender nichos de mercado, o advogado passa a resolver problemas específicos dos clientes, e, muitas vezes, acaba fazendo uso de mais de uma área de expertise. Em um dos exemplos anteriores, enquanto eu conversava com um empresário que tinha um problema fiscal, percebi que outros empresários enfrentavam a mesma situação. Ou seja, resolvi um único problema, de vários clientes, com uma única solução. Isso se chama planejamento tributário.

Abaixo estão alguns exemplos de mercados e serviços específicos que podem ser oferecidos:

- Consultoria jurídica para alinhamento contratual de empreendimentos no setor de moda;
- Advocacia investigativa;
- Assessoria para clínicas veterinárias, para agência de marketing, para *youtubers* e para escolas particulares;
- Acompanhamento de contratos de aluguel e consultoria jurídica para resolução de conflitos entre vizinhos em condomínios edilícios;

- Especialistas trabalhistas para pilotos, comissários de bordo e médicos;
- Assessoria jurídica para casais homoafetivos na área de sucessões e direito de família;
- Consultoria jurídica preventiva para evitar litígios com clientes de laboratórios clínicos e hospitais;
- Consultoria jurídica para tributação de infoproduto;
- Assessoria jurídica para alinhamento contratual de *personal trainer*;
- Assessoria jurídica para visto de investidor estrangeiro;
- Assessoria jurídica para compra de carros ou imóveis em leilões;
- Assessoria jurídica para divórcio com segurança;
- Assessoria jurídica para abertura de empresa em solo brasileiro e, consequentemente, de visto de moradia;
- Assessoria jurídica para o produtor rural na elaboração de contratos internacionais de *commodities*.

Vê quantas oportunidades? O que quero mostrar aqui é que dentro da sua área você pode atender a vários nichos de mercado ou pelo menos oferecer vários serviços para um mesmo cliente. Quando se trabalha com um nicho, pouco importa a sua área de atuação, o essencial é a sua capacidade de resolver problemas específicos. Posso dar um exemplo.

Eu atendi um cliente que faz parte de uma empresa *offshore*. Minha primeira reunião foi para falar sobre a recuperação de possíveis créditos tributários. Ali, naquele momento, conversando com o cliente, percebi que ele não tinha um planejamento tributário ajustado, pois deixou escapar essa informação. Falamos também sobre proteção e blindagem patrimonial e, depois de um tempo, sobre as economias do testamento perante o inventário. Em outro encontro ele me contou que tinha mais quatro empresas ativas. Perceba por quantas oportunidades de nicho eu passei em uma simples conversa. Esse foi um dos clientes que nos renderam mais de 500 mil reais em honorários finais.

Existe um mercado gigantesco na advocacia, basta olharmos com outros olhos para o mercado. Meu objetivo aqui foi fazer com que você enxergasse, dentro da sua advocacia, problemas que não vêm sendo resolvidos para os clientes e, a partir daí, criar um honorário de sete dígitos. Vou repetir, se você tem mais de doze meses como advogado(a) e ainda não fez 1 milhão, tem alguma coisa que deveria ter sido feito. Esse é exatamente o seu ponto cego.

Reflita sobre o que falei, analise seu trabalho e responda:

QUE TIPO DE PROBLEMA EU RESOLVO?

____

____

____

____

____

QUE TIPO DE PROBLEMA POSSO RESOLVER ALÉM DESSE PRIMEIRO?

____

____

____

____

____

ONDE POSSO ACHAR ESSES CLIENTES?

____

____

____

____

____

Seguem as minhas respostas para essas questões:

1. **Que tipo de problema eu resolvo?**
   Ajudo estrangeiros a darem entrada em visto de investidor. Muitos estão investindo no Brasil com a valorização da moeda estrangeira e outros estão saindo de seu país de origem por conta das crises econômicas.

2. **Que tipo de problema posso resolver além desse primeiro?**
   Emissão de uma carta legal, ajudando empresários estrangeiros na compra, venda e abertura de empresas no Brasil.

3. **Onde posso achar esses clientes?**
   EUA, França, Portugal, China e Japão.

O marketing aqui será bem focado na região onde nossos clientes se encontram. O resto é parte da estratégia que veremos a seguir.

Assim que cheguei em Rio das Ostras, cidade no Rio de Janeiro com cerca de 180 mil habitantes e onde moro atualmente, a primeira coisa que fiz foi mapear a cidade para saber quantas empresas havia e qual era o enquadramento de cada uma: simples, lucro presumido etc.

Logo depois fiz outra pesquisa para saber quais os maiores problemas que os empresários da região encontravam. O terceiro foi elaborar uma estratégia.

Você percebeu que não me preocupei em saber sobre os advogados da região, quantos haviam, em quais áreas, quantos faziam anúncios? Isso para mim é irrelevante, o mais importante é estudar o mercado e entrar em ação com suas estratégias de inteligência na advocacia. Os outros são os outros, no máximo busque a sua tribo e aproveite para fazer parte da nossa.

É POSSÍVEL FAZER 1 MILHÃO DE REAIS NA ADVOCACIA COM SERVIÇOS PARA ATENDER NICHOS DE MERCADO, COM MUITO TRABALHO, DISCIPLINA, FOCO E MUITA MÃO NA MASSA, SEM FÓRMULAS MÁGICAS.

ESTUDO DE CASO

Anderson é um advogado muito conceituado que vem se dedicando à carreira de docente. Ele me procurou com algumas ideias para elaboração e estruturação de cursos para venda, e olha que interessante: o primeiro e-book dele resolve problemas de inadimplência em condomínios – é para síndicos – o segundo, resolve os contratos de prestação de serviços para *personal trainers*. São dois produtos que já foram validados através de e-books e já estão em produção para cursos.

Você percebe a área do Direito e o nicho de mercado para dois públicos diferentes no exemplo acima?

Vamos analisar, agora, os próximos passos do Anderson:

- Passo 1: buscar quantos síndicos existem no Brasil;
- Passo 2: buscar a inadimplência no Brasil;
- Passo 3: segmentar por região do país;
- Passo 4: fazer o mapeamento inteligente do mercado;
- Passo 5: elaborar a estratégia e aplicar uma metodologia;
- Passo 6: vender, vender e vender no automático.

Vamos às contas agora. Supondo os valores com base em uma média de mercado:

Curso para síndicos

- Valor do curso: 397,00 reais;
- Mínimo de cem alunos com uma campanha simples;
- Total: 39.700,00 reais.

Curso para Personal Trainer

- Valor do curso: 397,00 reais;
- Mínimo de cem alunos com uma campanha simples;
- Total: 39.700,00 reais.

Imagine agora como seria com mil alunos? Essa é uma realidade totalmente possível hoje na advocacia. Um curso desses estaria automatizado e vendendo todos os dias.

Existem, hoje, algumas plataformas nas quais é possível hospedar videoaulas e gerenciar pagamentos on-line, além de diversos outros recursos disponíveis. Vou citar as três plataformas que considero as principais no mercado brasileiro: a Hotmart, a Eduzz e a Monetizze.

Uma das estratégias que utilizamos no meu escritório é criar o curso mais uma landing page[32] de vendas de nosso produto ou serviço, depois é o momento de gerar valor desses conteúdos nas mídias sociais com objetivo de engajar clientes, ampliar a rede de contatos e capturar novos *leads* por meio de e-mails, fazendo *lives* etc. Logo em seguida inicio o processo de lançamento de um serviço ou produto. Finalizada essa primeira parte, é realizada uma campanha de venda direta para a página de compra e, ao

32 Também conhecida como página de destino, a landing page pode ser tanto a primeira página que você acessa ao entrar em um site ou, como vê o marketing, uma página feita para a conversão de *leads*. Saiba mais em: https://neilpatel.com/br/blog/landing-page-o-que-e/. Acesso em: 12 maio 2021.

mesmo tempo, há campanhas mensais para atrair mais público para vendermos cada vez mais.

Exemplificando:

CRIAÇÃO DE CURSO + PÁGINA DE VENDA
GERAR VALOR + ENGAJAR + AMPLIAR + CAPTURAR LEADS
LANÇAMENTO + CAMPANHA DE VENDA
VENDAS
MÉTRICAS

Uma forma que uso muito para vender cursos também são as palestras. Ao final de cada uma delas faço uma oferta de vendas de um de meus cursos, sempre escolho o que mais se encaixa com o perfil da plateia. Esse recurso também funciona com desafio em *lives*, onde você informa para sua audiência que fará sete *lives* de desafios, só que na última você fala sobre seus cursos, mentorias, e-books e livros.

No último lançamento que fizemos, levamos todos os inscritos para dezessete grupos de WhatsApp, e claro que usamos um software de automação para enviar algumas mensagens em massa devido ao grande número de inscritos. Essa estratégia aqui é muito boa para pré-lançamentos de cursos, que é o caso de "Advogado palestrante: como ter uma voz poderosa e perder o medo de falar em público".

ESCOLHA SUA TRIBO

De acordo com Seth Godin, autor do livro *Tribos*,[33] uma tribo é um grupo de pessoas conectadas umas às outras, conectadas a um líder, e conectadas a uma ideia. Por milhões de anos, os seres humanos têm feito parte de uma

33 GODIN, S. **Tribos**: nós precisamos que vocês nos liderem. Rio de Janeiro: Alta Books, 2013.

tribo ou outra." E veja bem, um grupo, para ser uma tribo, precisa de apenas duas pessoas com um **interesse em comum** e **uma forma de se comunicar**.

O movimento AdvogadosdeSucesso.com foi criado no final de 2015, quando reuni apenas três advogados. Hoje somos mais de 3 mil alunos em um mesmo grupo, com o mesmo objetivo: gerar resultados. As tribos precisam de liderança. Às vezes uma pessoa lidera, em outras, mais de uma. As pessoas querem conexão e crescimento, querem algo novo. Elas querem mudança.

Existe uma porção de novas ferramentas disponíveis no mercado que irão ajudar a liderar as tribos que estamos formando: Facebook, Zoom, Meetup, Instagram, Clubhouse etc. Tenho certeza de que novas estão surgindo enquanto escrevo este capítulo.

O mercado precisa de você e as ferramentas estão apenas esperando. É importante que entenda sobre as tribos ou comunidades e que escolha a forma como irá se comunicar. É imprescindível também entender que precisa pertencer ou criar a sua própria para não ficar para trás.

As tribos estão relacionadas à fé e à crença em uma ideia por parte de uma comunidade. E elas estão baseadas no respeito e na admiração pelo líder da tribo e pelos outros membros.

Foi assim que aprendi criando a minha base na construção de carreiras.

As minhas tribos com advogados estão divididas assim:

Advogados de Sucesso: www.advogadosdesucesso.com

Uma tribo formada por um grupo de advogados e advogadas que estão em busca de transformação em sua advocacia, querem descobrir o ponto cego, querem resultados, querem saber o caminho. Já passaram aqui mais de 30 mil advogados e advogadas.

Mentes Jurídicas: www.mentesjuridicas.com

São advogados e advogadas que já passaram pelo Advogados de Sucesso. A busca aqui é na escala. Esses já criaram o fluxo de caixa mensal e querem escalar ainda mais, rumo aos sete e oito dígitos na conta. É um grupo de cem mentes apenas.

A minha tribo com clientes está assim:

The 100: Tenho um grupo de cem empresários com os quais compartilho diversos assuntos jurídicos e estratégicos para potencializar as empresas. Falo desde gestão, produtividade, economia, segurança, tributação até escala. Cada um deles me paga 100 reais para pertencer ao grupo. Aqui eu tenho um plano de exclusividade e vagas limitadas para participar. Se sair ou esquecer de pagar, outro entra na vez, e se quiser voltar, passa para o final da lista de espera. Temos um encontro mensal on-line e sempre levo convidados. A experiência do cliente aqui é a transformação da vida deles através de novos resultados em suas empresas. Gostou da ideia? Então copia e faz. Valendo!

O objetivo aqui não é apenas o assunto do grupo. Já pensou em quantos contratos já fechei com esses clientes e indicações para assessoria jurídica? Já imaginou quantos problemas resolvi com essas tribos? Quantas vidas foram transformadas dentro desse grupo?

Comece agora mesmo a pertencer a uma tribo e crie a sua.

De imediato eu já falo, vai precisar acreditar no que faz todos os dias.

VOCÊ ACREDITA NO QUE FAZ? ______________________________.
TODOS OS DIAS? ______________________________.

No fim das contas, a convicção se torna uma estratégia brilhante.

O OCEANO AZUL NA ADVOCACIA

Nesta parte serei bem direto para que você tenha clareza de onde está navegando. Vamos dividir o mundo jurídico em dois oceanos: O oceano vermelho e o azul.

No oceano vermelho geralmente temos as batalhas de honorários, sendo um ambiente completamente competitivo entre os advogados. Lembro quando estava viajando pelo interior de um estado para um de meus seminários quando escutava outros colegas falando assim: "Nossa, essa cidade está lotada de advogados brigando pelo mesmo espaço, além de muitos estarem atuando pelo mesmo mercado". Em outras palavras, é a luta pela sobrevivência na advocacia.

Olha, essa é uma realidade de muitos advogados em todo Brasil, e quando isso acontece, a margem de lucro é totalmente comprometida, consome muito tempo além de consumir muito do profissional. Com certeza não se resiste muito tempo no oceano vermelho.

Eu tenho certeza de que você vai querer estar no oceano azul daqui para frente, apenas não sabia da existência dele.

No oceano azul temos muitas vantagens para navegar, inclusive é possível nadar nele. É um mar de oportunidades. Eu venho mostrando neste livro as oportunidades que criamos na advocacia. Aqui sempre buscamos uma estratégia capaz de tornar a concorrência insignificante. E isso acontece quando criamos uma proposta de valor. Pare de vender ação para os clientes e passe a vender transformação, isso modificará a vida, a família e o negócio dessas pessoas.

Exemplo: eu não quero simplesmente fazer um inventário. É claro que muitos irão querer trabalhos pontuais devido às circunstâncias, mas é preciso buscar mais, pense sempre: "o que posso oferecer a mais para esse cliente hoje?". As pessoas estão buscando segurança no futuro, então também vamos pensar lá na frente com nossos clientes. Poucos advogados montam uma estratégia para vender um planejamento sucessório, ensinar sobre blindagem patrimonial, sobre *holding* ou outra área específica. O que quero que entenda é que você deve criar uma estratégia para atrair o cliente com um produto específico e de maneira diferente do que a maioria vem fazendo, senão continuará por um bom tempo no oceano vermelho.

Navegar no oceano azul dá trabalho, mas é muito mais cansativo viver no oceano vermelho, ele é sangrento. Aqui no azul você vai ter que estabelecer metas, custos, superar desafios, analisar o que a concorrência fez e está fazendo, terá que entender as dores e necessidades dos clientes, buscar um mapeamento inteligente de mercado, buscar alguns diferenciais e, principalmente, ter consistência nisso tudo.

São os poucos que navegam nessas águas e posso garantir que eles não querem voltar para o oceano vermelho, nem eu. Entenda de vez que será necessário fazer com que os potenciais clientes tenham uma percepção de valor da sua advocacia, caso contrário o preço irá se tornar o principal diferencial para definir contratar ou não os seus serviços. É assim que funciona.

No direito do trabalho, no previdenciário, no penal, seja em qualquer uma das áreas, é possível navegar em boas águas. Tem como fazer isso em todas elas. Você só não está criando a percepção de valor e pode estar também oferecendo seus serviços para o cliente errado.

Vou clarear agora sua mente sobre como você pode definir seus clientes antes de elaborar uma proposta. Isso vai ajudar também a definir qual serviço poderá direcionar para cada um deles. Existem três tipos de clientes na advocacia:

- **Cliente 1**: esse tipo de cliente já tem um problema e está procurando por um advogado. Ele já está pronto para comprar, só que é do tipo que entra no seu escritório, depois vai em outro, depois outro e assim vai. A preocupação dele não é na qualidade do serviço, ele quer mesmo o mais barato, pois está acostumado a fazer isso com tudo na vida. Aqui é o típico ambiente de oceano vermelho do qual falamos anteriormente. Você sabe que entrar aqui é muitas vezes para tomar prejuízo.

- **Cliente 2**: esse cliente é mais qualificado que o anterior. Ele sabe que tem um problema, mas, procrastina para tomar uma decisão e resolver o problema contratando um advogado. É aquele empresário que liga para fazer uma defesa trabalhista faltando duas semanas para audiência, quando não menos. É aquele cliente que tem audiência depois de amanhã e liga para você, até pede desconto, mas como é urgência, não consegue muito. As águas aqui começam a melhorar, mas ainda tem sangue.
- **Cliente 3**: esse cliente é o melhor. Já vou dizer que atender esse cliente é navegar no oceano azul. Ele não sabe que tem um problema e não está procurando por um advogado. Agora eu pergunto: quais produtos você consegue elencar para pessoas que não estão procurando e nem sabem que precisam de um advogado?

Percebida a diferença entre os oceanos, você entendeu que precisa fazer o cliente ter uma percepção de valor. Faça uma lista de serviços que pode oferecer para esse terceiro tipo de cliente, porque os outros dois irão aparecer de qualquer jeito. Mas o terceiro precisa ser provocado, você precisa dar consciência de que ele tem um problema e que precisa de você para resolvê-lo.

____

____

____

____

____

____

NO DIREITO DO TRABALHO, NO PREVIDENCIÁRIO, NO PENAL, SEJA EM QUALQUER UMA DAS ÁREAS, É POSSÍVEL NAVEGAR EM BOAS ÁGUAS.

CAPÍTULO 7

O MÉTODO

Meus pais sempre diziam que para tudo é preciso ter uma metodologia. É saber como fazer. Parece um clichê até, mas é uma realidade da vida. Por isso procurei aplicar isso em minha carreira também. O que irá encontrar abaixo são estratégias que funcionam para mim e para meus alunos da comunidade AdvogadosdeSucesso.com.[34] Venho sempre replicando tudo o que dá certo em nosso grupo.

O método é composto por cinco fases muito importantes para um processo de construção. É igual receita de bolo de nossa avó, você pode até mudar ou adaptar, mas o resultado será outro, um bolo solado ou queimado, e às vezes pode até ficar bom. Eu posso garantir que já testei diversas formas e o que estou entregando aqui são anos de tentativas, erros e acertos para acelerar os resultados. Esses são segredos que guardo a sete chaves e ensino etapa por etapa dentro do AdvogadosdeSucesso.com.

Todo processo de construção de uma carteira de cliente se inicia nessas cinco fases, bastando entender e aplicar a metodologia que o resultado será inevitável. Eu chamo o método de M.A.R.C.A.: Mirar, Atrair, Relacionar, Converter, Atender, pois com esse funil, nós podemos fazer diversas estratégias de alavancagem dentro da advocacia.

---

34 Material exclusivo para assinantes da plataforma www.advogadosdesucesso.com.

FUNIL DE VENDAS NA ADVOCACIA

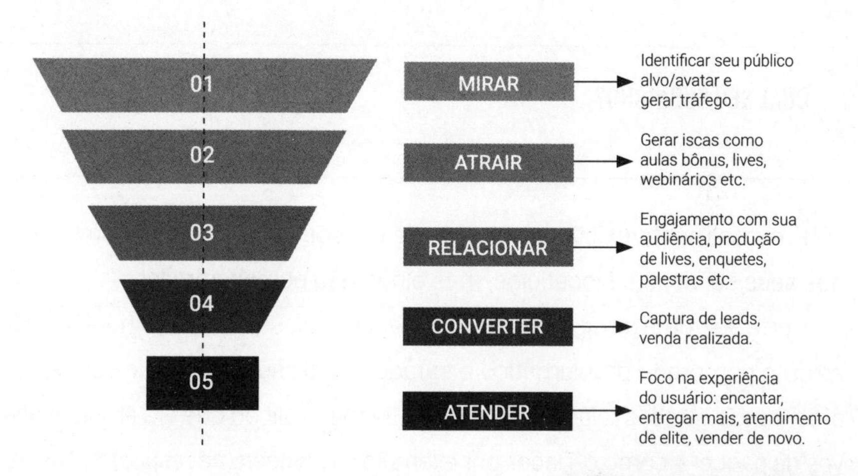

Deixei uma aula em vídeo falando mais sobre o método para você assistir. Acesse **www.andreluso.com.br/funil-de-vendas-na--advocacia** ou utilize o QR Code ao lado.

Vamos agora para cada um dos passos:

MIRAR

Antes de mirar no cliente ideal, escreva abaixo o que você entende sobre cada um desses aspectos. Já falamos sobre isso anteriormente. Se achar necessário, volte, releia e avalie antes de escrever suas respostas.

QUAL SEU MERCADO?

___

QUAL SEU NICHO?

QUAL SEU SUBNICHO?

Provavelmente existe um mundo de pessoas que querem e precisam dos seus serviços advocatícios, mas ainda não perceberam isso.

Certa vez uma, amiga chamada Flávia me disse: "Nossa, André, eu só arrumo namorado problemático e safado". Eu disse: "Mas onde você está procurando os seus relacionamentos?" Ela me explicou que era em aplicativos de paquera, como o Tinder, por exemplo. Fui sincero na resposta: "Talvez você esteja procurando no lugar errado e este seja o motivo de não achar alguém legal".Com sua advocacia é o mesmo processo. Se estiver buscando clientes no lugar errado, seus clientes também serão errados, pense nisso.

Eu também demorei a perceber que os clientes certos existiam em meu mercado. Mas quando aprendi a mirar neles e vender minha advocacia de maneira focada, ela só cresceu a cada ano. E quando digo que cresceu muito, é muito mesmo, literalmente.

Essa estratégia funcionou para mim e se o seu objetivo é fazer 1 milhão de reais em até doze meses, ela pode funcionar para você também.

Não estou dizendo que a sua advocacia irá crescer 500% de um dia para o outro, estou mostrando o caminho e o potencial que tem essa estratégia que estou compartilhando aqui, com você. É hora de mudar, mas você precisa agir. Não existe fórmula mágica, lembra?

No marketing existe uma lição que é a seguinte: se você tentar falar com todo mundo ao mesmo tempo, são grandes as chances de que não vá conseguir falar de verdade com ninguém. Ou seja, se você tentar vender seus serviços de advocacia para todo mundo, provavelmente não vai conseguir vender quase nada. Por isso, sempre direcione a sua comunicação para quem realmente tem interesse no que você tem a oferecer, é mirar certo.

ATRAIR

Cliente que vem por preço, vai por preço.

Vejo muitos colegas advogados ainda se utilizando da velha advocacia, abrindo o escritório, colocando uma placa e aguardando os clientes chegarem, outros mais ativos saem distribuindo cartões por aí sem nenhuma estratégia. O desespero é tão grande que já observei colegas de outros estados contratando pessoas para panfletar cartões pela rua, em portas de agências do INSS etc.

Deixa eu contar uma história bem curta que li uma vez, atribuída a Mario Quintana, sobre um colecionador de borboletas e que hoje aplico na advocacia e tudo tem a ver com atrair clientes.

Certa vez um colecionador de borboletas contratou um aspirante a colecionador, um aprendiz, na verdade. Ele disse ao aprendiz: "Vá para floresta caçar borboletas". O aprendiz foi, mas voltou no final do dia sem nenhuma borboleta, muito desanimado com aquela situação e, já no primeiro dia, passou a reclamar da profissão que tanto amava.

O colecionador chegou para o aprendiz e disse: "A melhor forma de você caçar borboletas é preparando um lindo jardim. Para cada borboleta rara que quiser atrair, terá que criar um jardim com flores especiais. Muitas borboletas não são para todos, são raras e algumas estão em vias de extinção, conseguir qualquer umas dessas exclusivas que fazem parte dessa lista precisará de uma verdadeira estratégia. Muitos falam em sorte aqui, mas só tem sorte quem tem estratégia. Vamos preparar nosso jardim para atrair borboletas?".

Agora você pega essa história e traz para a sua advocacia. É preciso preparar nosso jardim para atrair os melhores clientes, aqueles que são raros e que precisam de iscas. Para saber como fazer isso, você vai precisar conhecer tudo sobre eles. Lembre: para atrair borboletas raras precisa saber as flores elas gostam e quais não gostam.

Já falamos aqui sobre os tipos de clientes. Clientes raros para mim são aqueles que estão na terceira camada, que não sabem que precisam de advogados até eu atendê-los.

Existem diversas estratégias para que você atraia clientes, dentre elas:

- Criar uma landing page para cada tipo de serviço que você oferece;
- Comunicação visual e escrita que cause uma boa primeira impressão: seja um ímã para o cliente ideal;
- Criar uma recompensa para chamar a atenção dele, que pode ser um e-book, uma aula gratuita, uma palestra, um webinário, um *podcast* etc.;
- Criar comunidades por afinidades, com grupos no WhatsApp ou no Telegram;
- Criar uma página de captura de e-mails para aumentar sua lista de contatos;
- Encontrar parceiros que sejam interessantes para o seu cliente ideal e fazer parcerias para atração;
- Utilizar das diversas mídias sociais como forma de atração de clientes (lembre-se de cultivar o seu jardim);
- Criar um mastermind dos seus clientes.

Crie um grupo de conteúdo e gere valor de escassez. Não é possível entrarmos em detalhes aprofundados aqui neste livro devido ao grande volume de estratégias e ferramentas necessárias para o processo de construção, mas vou explicar como funciona a advocacia de meus parceiros e alunos do AdvogadosdeSucesso.com.

Vamos lá!

Para cada área do escritório temos algumas páginas falando sobre os serviços que prestamos na advocacia, sempre buscamos apresentar os que mais têm busca na internet. Para uma análise bem detalhada, faça parte da nossa comunidade assistindo ao curso sobre honorários advocatícios que recebeu acesso no início deste livro.

Exemplo de páginas que temos:

- Ação de energia Tust/Tusd;
- Ação de ICMS;
- *Holding* patrimonial;
- Testamento;
- Inventário;
- Divórcio;
- Pensão alimentícia.

O objetivo dessas páginas individuais é indexar[35] com o Google e obter melhores posicionamentos. Ficar na primeira página da pesquisa não basta, é necessário que apareça até em pesquisas menos específicas, como aquelas em que não foi buscado o nome da empresa, mas um termo, como os da lista anterior. Essas páginas são o que chamamos de landing page e foram criadas para vender o serviço colocado ali. É uma página com vídeo, benefícios, explicação da temática, depoimentos, gatilhos mentais e provas sociais. É uma página de alta conversão de clientes.

RELACIONAR

Relacionamento é comunicação e comunicar é criar a ação desejada.

Meu pai fazia muito bem isso e acabei herdando essa habilidade dele. Ele sempre dizia que relacionamento é poder. Foi uma escola e tanto.

São várias as formas de você se relacionar. Hoje estou aqui me relacionando com você através deste livro, que pode levá-lo até o meu Instagram, Facebook, YouTube, Clubhouse, minha plataforma digital ou blog.

Hoje o relacionamento com o cliente pode ser feito de diversas formas, vou elencar algumas apenas:

---

35 Indexar é o nome dado para o processo de colocar sua página no índice do Google para que o site seja encontrado nas buscas. Uma boa indexação permite que o site apareça melhor colocado nos resultados de pesquisas, gerando maior acesso e, claro, engajamento.

- Criação de conteúdo útil, prático e relevante;
- Elaboração ser artigos, vídeos, webinários, palestras ou outras formas de amostragem relacionadas ao produto ou serviço, desde que sejam interessantes e úteis para o cliente;
- Reuniões presenciais ou on-line;
- Enquetes, formulários;
- Um grupo fechado e administrado por você;
- *Newsletters* com novidades e conteúdos relevantes.

Veja acima quantas possibilidades existem. Eu, particularmente, fiquei mais à vontade com gravações, lives e palestras, só que meus resultados pararam, então tive que usar de outros recursos e estratégias para alcançar mais clientes na minha advocacia e na plataforma AdvogadosdeSucesso.com. Um exemplo é este livro: iniciamos aqui um relacionamento, inclusive já é uma conversão, que é o próximo assunto. A partir daqui podemos continuar a trabalhar juntos em outras plataformas e com outros serviços. O que quero que entenda é que você precisa começar, pois seu mundo irá se abrir. E guarde isso:

AQUILO QUE VOCÊ NÃO GOSTA DE FAZER PODE ESTAR LHE IMPEDINDO DE TER MAIS RESULTADOS EM SUA CARREIRA.

CONVERTER

Dentro do marketing digital, conversão é um dos termos que mais ouvimos. Sabe quando você entra em uma loja on-line só para dar aquela espiadinha e quando menos espera sai com várias coisas que nem estava precisando? Isso, no marketing digital, chama-se conversão.

É uma métrica muito importante dentro do marketing digital para avaliar o desempenho da sua estratégia. Em cada campanha devemos sempre trabalhar o cliente, fazendo com que ele passe para o próximo degrau da jornada do consumidor. É como uma escada de produtos, veja abaixo como funciona a minha versão:

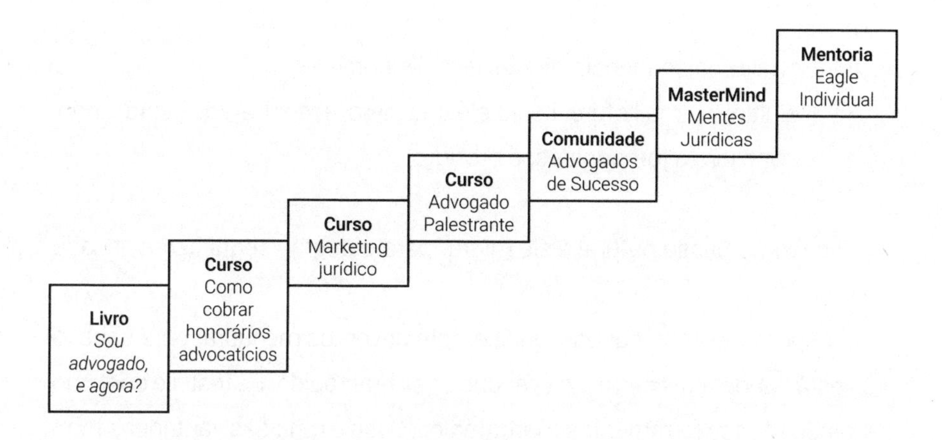

Em cada nível da escada acontece uma estratégia de conversão.

Existem várias formas de se fazer isso hoje em nossa advocacia, principalmente no digital, e isso varia de acordo com cada objetivo. A vantagem é que podemos avaliar se as estratégias estão dando certo ou não, e podemos ajustar rapidamente.

Hoje eu atraio clientes para meu site jurídico e lá dentro entrego uma aula gratuita em vídeo sobre determinado assunto de meu nicho. O meu objetivo ali ou é fazer com que ele ligue para o escritório ou que ele baixe um e-book, um infográfico ou até mesmo preencha um formulário. A partir do momento que consegui o contato de telefone ou e-mail, acontece a conversão. Esse potencial cliente que se cadastrou eu passo a chamar de *lead*.

Outra forma que utilizo para converter é na utilização de e-mails automatizados, ou seja, conseguir o e-mail do *lead* e, a partir dali, usar uma plataforma de automatização de e-mails para colocá-lo em uma sequência de *newsletters* com objetivo de apresentar meus produtos. Mas cuidado com o spam! E-mails automatizados tem que ser úteis e ter conteúdo relevante. E-mails irrelevantes e repetitivos tem baixas taxas de abertura e, consequentemente, pouca conversão.

Exemplo de caminho natural do *lead*:

- O cliente baixou meu e-book de precificação de honorários;
- Entrou em minha lista de e-mails automatizados;

- Enviei uma sequência de três e-mails para ele;
- No último e-mail ofereci para ele meu livro, esse que você está lendo, e concluirá a jornada desse produto.

O próximo passo natural é ele migrar para o degrau seguinte na escada de produtos.

É importante destacar aqui que sempre devemos mensurar para saber o que está dando mais certo. Se tiver que errar, erre rápido. Eu testei e continuo testando muitas ferramentas e estratégias. Essa é uma das vantagens também da comunidade AdvogadosdeSucesso.com, porque lá compartilhamos tudo. Após essa etapa da conversão, vem a próxima, que é basicamente a única que acreditamos que sabemos fazer com maestria, mas esquecemos que também exige técnica e estratégia.

ATENDER

Atender é a última fase de um processo de cinco etapas importantes que é a M.A.R.C.A. O sucesso de qualquer advogado começa pelo sucesso dos clientes

Responda a estas cinco perguntas:

O que os clientes acham sobre sua advocacia?

____

Como os clientes comparam sua advocacia à da concorrência?

____

Ao concluir um projeto, você entrega formulário de feedback?

____

Os clientes percebem benefícios nas suas entregas?

Você imagina o nível de prestígio de seu nome ou marca?

Vamos lá!

Se você não sabe ao menos uma dessas respostas, tem um grande problema. Mas calma! Sem neura! Existe solução para isso.

Venho aplicando e ensinando para meus alunos o que empresas de sucesso como Amazon, Google, Apple, Disney e diversas outras colocam em prática a partir de quatro passos fundamentais, que agora você também irá aplicar:

- **Passo 1**: abrace seu cliente como se fosse o último biscoito do pacote. Saiba melhor do que ninguém quem é ele, o que ele quer e o que ele realmente precisa. Sua ignorância nesse assunto pode custar muito caro e deixar a concorrência feliz;
- **Passo 2**: Sinta a dor do cliente. Aqui você vai precisar se aprofundar cada vez mais nas necessidades dele, conhecer de tudo mesmo. Muitas das vezes a dor existe e o cliente nem sabe por onde começar a resolver. Você precisará buscar pela origem dos problemas e apresentar uma solução. Vejo muitos colegas advogados sendo massacrados em redes sociais pelos diversos tipos de problemas gerados por um mau atendimento e descaso com clientes. Essa insatisfação é um problema tremendo e pode ser desastroso para sua advocacia.

A seguir compartilho um gráfico retirado do livro *The Effortless Experience*[36] que demonstra o impacto do boca a boca na prestação de serviços,

---

36 DIXON, M.; TOMAN, N.; DELISI, R. **The Effortless Experience**: conquering the new battlegorund for customes loyalty. New York: Portfolio Penguin, 2013. E-book. Tradução minha.

inclusive quando há um cliente insatisfeito. Observe nesse gráfico que 48% dos clientes que tiveram experiências negativas comentaram com outros dez clientes sobre sua insatisfação no serviço prestado. E aquelas que tiveram experiências positivas, pode-se observar que menos da metade (23%) fez comentários sobre sua experiência de cliente com outras pessoas.

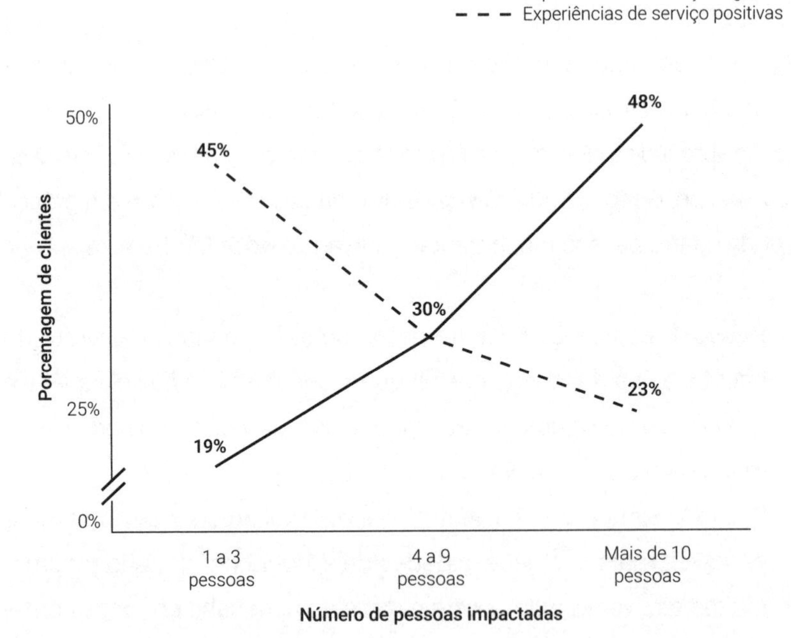

Isso é mais uma prova do quanto devemos olhar para nosso atendimento. Não é à toa que temos um módulo inteiro falando sobre atendimento ao cliente no Advogados de Sucesso.

- **Passo 3**: Todos devem falar a mesma linguagem. Certa vez estava em um grupo de advogados e um deles falava que era a secretária que resolvia os problemas do escritório e que ele sempre delegava problemas para não se estressar. O mesmo colega reclamava também que a carteira de clientes havia caído em torno de 40%. Depois de três meses analisando o escritório, conseguimos identificar que a secretária era o fator de cancelamento de diversos clientes, devido a sua impaciência e grosseria com quem era atendido. O estresse foi bem maior em ter perdido esses clientes.

Entenda uma coisa, não é "Deixe a secretária resolver" nem "Deixe o estagiário resolver". Está errado isso! No caso do meu colega, o descaso dele foi tão responsável quanto o mau atendimento da secretária no problema com os clientes. Todas as áreas do escritório devem falar a mesma língua. Treine sua equipe e quem não se adequar deverá ser treinado.

Observe o gráfico[37] a seguir. Fica claro que a experiência de um serviço positivo vai promover ainda mais a sua advocacia. Só que se o pós-venda, sua secretária ou qualquer outra pessoa não estiver alinhada a você e a toda a equipe, esses clientes insatisfeitos irão destruir tudo o que você construiu até agora.

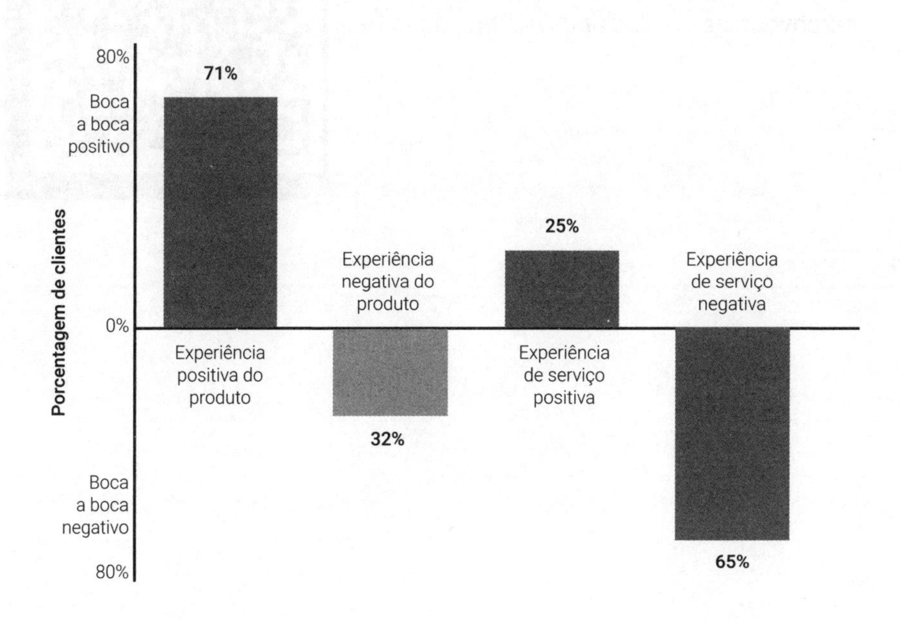

37 Idem.

- **Passo 4**: Transforme o básico em extraordinário.

Entregar o essencial de maneira única e extraordinária é algo que não tem preço, e isso transforma cada vez mais uma legião de consumidores em clientes fiéis. Dixon deixa bem claro que investir em estratégias voltadas para a experiência do cliente dá muito resultado: cliente feliz dá lucro!

Com isso, a sua lucratividade vai aumentando. Fica muito mais fácil avançar pelos níveis da escada sobre a qual falamos aqui. Construa uma base sólida de defensores da sua marca que farão a sua advocacia crescer de maneira orgânica.

Deixo aqui um arquivo com 23 dicas de como encantar o cliente. Basta acessar **www.andreluso.com.br/como-encantar-clientes-na-advocacia** ou utilizar o QR Code ao lado.

CASE 10

Estudo de caso: Dra. Tatiana

QUANDO CONHECI A TATIANA, DESCOBRI NA HORA QUE AQUELA ERA UMA PESSOA COM POTENCIAL. A GRANDE QUESTÃO É QUE ÀS VEZES NÃO CONSEGUIMOS ENXERGAR ISSO DENTRO DE NÓS E ELA NÃO VIA ISSO. EM MUITOS CASOS, MEU TRABALHO É MOSTRAR O CAMINHO E DIRECIONAR A PESSOA PARA O SUCESSO. E ESSE CAMINHO PODE SER UM DOS 3MS (FALAMOS SOBRE ELES NO CAPÍTULO 4) OU TODOS JUNTOS. NO CASO DA TATIANA, ELA JÁ TINHA MERCADO NA ADVOCACIA, JÁ TINHA UM NICHO E SUBNICHO, MAS FALTAVA A MUDANÇA DE MINDSET, ELA PRECISAVA ACREDITAR MAIS NO PRÓPRIO TRABALHO, ALÉM DE FALTAR UMA METODOLOGIA CLARA EM ESTRATÉGIA PARA APLICAR EM SUA CARREIRA.

A Tati entrou em nossa comunidade do projeto AdvogadosdeSucesso. com e lá desconstruímos a sua advocacia antiga, como ela pensava e agia, que a levou aos resultados que tinha, para só depois reconstruí-la novamente com mudança de mindset. Logo depois passou a usar um método que venho aplicando em minha advocacia e ensinando para diversos outros colegas.

Hoje a Tatiana faz parte de um de nossos projetos, o Mentes Jurídicas, que é um grupo fechado de advogados e advogadas com os mesmos objetivos: faturar 1 milhão de reais em até doze meses e ajudar outros colegas profissionais a terem os mesmos resultados expressivos na advocacia, além de todos compartilharem o que vêm usando em sua advocacia de tecnologia e as estratégias de alavancagem no negócio. Ela é também uma das líderes de outros projetos pessoais e mentorados, e cresce cada vez mais em sua carreira.

TER DEUS DENTRO DE VOCÊ É TER AS ATITUDES QUE ELE TERIA, PASSANDO PELO QUE VOCÊ ESTÁ PASSANDO.

PADRE GLEISON

Certa vez ouvi Padre Gleison dizendo essas palavras em uma missa na paróquia de Santo Antônio, em Macaé, Rio de Janeiro. De lá para cá jamais esqueci a frase. São suas agora, leve com você.

Não existe estrada perigosa, existe motorista ruim. O mesmo acontece com a nossa profissão, não existe carreira ruim, carreira saturada, existe advogado ou advogada ruim. Nessa minha jornada eu precisei tomar algumas pílulas que me ajudaram na construção de uma carreira de sucesso.

Use-as da melhor forma, pense nelas como os onze mandamentos para uma vida cercada de realizações:

- **Pílula 1**: Não basta falar sobre Deus. A transformação está em agir de acordo com os ensinamentos que Ele nos deixou. Se Deus avaliasse suas atitudes, estaria orgulhoso ou decepcionado?
  Repense como anda a sua fé com seu Deus e, principalmente, como você vem se comportando perante Ele? Reflita agora mesmo, só depois para prossiga em nossa jornada.
- **Pílula 2**: Por muito tempo eu fiquei tentando me autoafirmar para as pessoas. Nessa fase, usava muito ouro, fazia questão de mostrar meu carro, meu escritório e minhas viagens. Mas um dia eu me libertei e entendi que não precisava provar nada para ninguém, pois não importava o que me fazia vencedor e sim quem me fazia um vencedor. Dali em diante, de ouro... só a minha aliança. Sobre o restante, poucos sabem da minha vida e o que tenho.
  Liberte-se dessa necessidade de autoafirmação.
  Você não precisa provar nada a ninguém.
- **Pílula 3**: Não culpe os outros pelo seu fracasso. "Ele não fez... não me ajudou... íamos fazer juntos..." Se ainda não alcançou o seu objetivo

porque delegou a terceiros e está esperando acontecer, nunca alcançará o que quer. Comece agora, faça o que for preciso.

- **Pílula 4**: Buscar conhecimento e não aplicá-lo é perder tempo. É melhor não saber muito e aplicar tudo o que se sabe do que ficar se enchendo de conhecimentos que nunca usará. Foque seus esforços sempre pensando nos resultados que quer alcançar. Esta é a chave!
- **Pílula 5**: O talento inato, quando não praticado, não se revela. Quem me vê falando para grandes públicos não imagina o quanto isso era uma barreira para mim. E como venci essa barreira? Praticando. Nossos talentos muitas vezes são enterrados por nossos medos e receios. Não permita que seu talento não se revele. Pratique, pratique, pratique! Você pode mais. Eu sei! E você, já se convenceu disso? Diz aí... Qual é o seu talento?
- **Pílula 6**: A obediência por meio da fé pode levá-lo a lugares onde a sua habilidade e sua imaginação jamais o levariam.
- **Pílula 7**: Na verdade, em algumas situações as pessoas vão tentar pará-lo sempre que você tentar realizar alguma coisa grande. Isso não significa que elas o odeiam ou que estejam bravas com você. Elas não sabem qual é o seu sonho ou o que foi dado por Deus para você. Então quando você tentar fazer algo novo e se sentir desacreditado, a culpa não é sua. Isso é normal. O desconhecido é mesmo assustador para muitos.
- **Pílula 8**: Empenho é diferente de desempenho, ninguém segura uma pessoa segura. O autoconhecimento faz você não confundir falta de controle emocional com destino.
- **Pílula 9**: Não busque atalhos, busque performance. Não encurte o caminho, vá para a direção certa. Não desista dos objetivos por falta de tempo. Utilize o incômodo como alavanca para agir, não como pretexto para parar. Não dependa da motivação para agir, faça a motivação vir. Acredite mais em você do que em qualquer outra pessoa. Seja obediente a você e às suas próprias ordens.

- **Pílula 10**: Levante-se da cama e não aperte o botão de soneca. Tome banho gelado todos os dias para acordar o corpo. Mantenha a disciplina por mais de uma semana até o corpo se adaptar. Termine o livro que começou ou leia aquele que nunca começou. Guarde dinheiro, você vai precisar em algum momento. Encontre soluções e não problemas. Pare de julgar, pare de reclamar e pare de reclamar de quem reclama.
- **Pílula 11**: Deus pode fazer tudo por você, exceto a sua parte. Agora é com você.

SE NÃO VOCÊ, QUEM? SE NÃO AGORA, QUANDO?

SE VOCÊ NÃO SABE, IMAGINA EU

Certa vez eu estava em Maragogi de férias e decidi seguir de carro para o Porto de Galinhas. Como não sabia andar pelo local, liguei o GPS do celular para me ajudar. A ida foi uma maravilha e, quando decidi voltar por volta das 17h, novamente liguei o aparelho. Ocorre que, no meio do caminho, perdi o sinal do GPS e fiquei completamente paralisado quando me deparei com uma bifurcação, sem saber para onde ir. De ambos os lados eu via uma enorme plantação de milho e só via o espaço para o carro passar por conta de diversos caminhos amassados. Estava anoitecendo, as crianças já estavam ficando nervosas e eu juro que me lembrei de alguns filmes de terror naquele momento, mas nada do sinal voltar, era só plantação mesmo.

Eu não tinha muita opção ali, escolhi um caminho e fui, tinha tudo para dar errado, mas deu certo, no fim saímos na estrada e lá o GPS voltou a funcionar.

Já pensou o desespero de ficar na escuridão em um lugar desses? Pense nisso como uma analogia ao seu trabalho. Não podemos brincar com nossas carreiras porque isso pode dar muito errado, ainda mais quando podemos evitar riscos com um planejamento estratégico adequado.

E QUANDO ACABAREM SUAS DESCULPAS?

Eu passei muito tempo da minha vida sem saber responder a pergunta a seguir. Eu só sei que, naquela época, não queria chegar aos 80 ou 90 anos e perceber que havia comprometido os melhores anos da minha vida fazendo alguma coisa que não era para mim. Não queria olhar para trás e perguntar para onde foi a minha vida.

Quando tinha meus 37 anos, tomei uma série de decisões ruins que me atrapalharam muito, os resultados foram catastróficos. Foi quando finalmente acordei e me dei conta de que estava vivendo no piloto automático pelos últimos dez anos. E sabia que isso aconteceria de novo se eu não tomasse cuidado.

Responda a esta pergunta com sinceridade: o que você faz quando acabam todas as suas desculpas para não ir atrás dos seus sonhos?

____

____

____

____

A partir deste momento de descoberta, iniciei um processo de pesquisa sobre as pessoas que alcançaram o sucesso, conversava com amigos e empresários mais bem-sucedidos do que eu e foi quando percebi que todos com essas vidas incríveis passaram por esses cinco estágios:

1. Aprendizado;
2. Foco;
3. Domínio;
4. Colheita;
5. Orientação.

Em forma de mapa da vida, são cinco os estágios que levarão uma pessoa à grandeza.

APRENDIZADO

Dos 17 aos 24 anos você vive o aprendizado. Vai ou não para a faculdade, tenta várias coisas, se arrisca. Sem saber muito bem quem é você, tenta várias formas de empreender. Faz o que pode para aprender mais sobre si e sobre o mundo a sua volta, e também sobre onde você se encaixa melhor.

FOCO

Dos 25 aos 39 anos você começa a se concentrar naquele bocado de coisas que funcionam bem quando estava na casa dos 24. Você não para de aprender, faz especializações focando-se nas coisas que pareciam mais importantes e nas paixões. Também elimina velhos hábitos que não deram certo e se concentra em fazer mais coisas que ama e menos coisas que odeia. Esse é aquele período em que você separa o joio do trigo, focando também em relacionamentos e em todas as partes da sua vida pessoal.

DOMÍNIO

Na casa dos 40 anos você se foca ou vai começar a se focar no domínio, melhorando suas competências, habilidades e ajustando as coisas mais importantes lá da fase dos 30. Esta é a fase de dominar, ser um pai ou uma mãe incrível, um amigo, um advogado, uma advogada extraordinária. Aqui você não limita mais a sua vida em nenhum aspecto. Começa a liderar projetos, iniciativas maiores; ainda não é um expert, mas é o próximo em ascensão.

COLHEITA

Muito bem, as sementes que você plantou, enfim serão colhidas: ganhar mais dinheiro em sua vida; desfrutar dos resultados por ter trabalhado duro para ser um especialista na sua área. Você já está com 50 anos. Tudo está perfeito e funcionando. Se batalhou por um relacionamento bom, aqui você já conseguiu.

ORIENTAÇÃO

Enfim a aposentadoria. Com 60 anos, entra em uma área de orientação, torna-se avô e guardião da sabedoria. Retribua auxiliando as pessoas que estão trilhando o caminho por onde você andou por mais de quarenta anos. Milhares de pessoas já provaram que esse é o caminho.

Bom, se é tão fácil seguir esse caminho, se os passos são tão claros, por que tantas pessoas não conseguem chegar lá?

Existe um outro caminho que é mais estreito, é como se você fizesse uma trilha no meio da floresta. Centenas de advogados se permitem trilhar esse caminho e continuam a viajar até hoje. O terreno é até bom e depois de uma boa subida, irão encontrar uma ladeira enorme; nesse exato momento acionam o piloto automático para começar a descida. É um caminho que parece perfeito, sem muito esforço. O grande problema, e essa é a má notícia, é que nesse caminho você não termina com uma carreira incrível, só termina velho. Esse caminho podemos chamar de caminho da média, das pessoas medianas, como já vimos anteriormente.

Olhe bem, as duas rotas se iniciam no mesmo lugar e terminam na colheita e orientação. A diferença primordial aqui é que se você escolheu trilhar a rota da grandeza, a colheita será abundante e você guiará outros profissionais para caminhos de abundância. Agora, se a escolha foi ligar o piloto automático na estrada mediana, sem nunca se arriscar, ousar ser diferente, acreditar que pode aprender mais, então terá uma colheita totalmente mediana. Você até conseguirá orientar outros, mas em vez de iluminar o caminho de alguém, se tornará um farol longínquo, indicando as pedras preciosas que dispensou pelo caminho.

O caminho da média é o mais fácil e perigosamente confortável. Passei muitos anos nele sem perceber.

O caminho da grandeza é perigoso, mas você aguenta!

Sempre digo isso; é sinistro, tem pedras no caminho, montanhas altíssimas, às vezes leões e, quando você menos espera, surge um dragão. Você vai sangrar, sua disciplina e paciência serão testadas a todo momento, e seus sonhos, desafiados diariamente.

Será muito duro viver tudo isso, mas vai ser incrível e esse é o pulo do gato. Não estou dizendo que sua advocacia pode ser incrível, estou dizendo que ela é!

OS SETE PILARES DO ADVOGADO DO FUTURO

Enquanto eu brigava para ter resultados gigantescos na advocacia, outros profissionais ganhavam uma trajetória tranquila, com rios de dinheiro. Eu sempre deixava dinheiro na mesa. Não estou falando de advogados e advogadas agora, mas de outros *players* do mercado, profissionais que usavam o marketing digital para faturar milhões de reais. Sempre busquei diversidade pesquisando em outras áreas para saber como poderia aplicar na advocacia as mesmas estratégias ou até como adaptar cada uma delas.

Você irá encontrar a seguir a definição desses sete pilares que todo advogado e advogada que está em busca da grandeza precisa desenvolver. Mesmo que você contrate alguém para fazer esse serviço, aprenda você mesmo o básico para saber discutir e montar a sua melhor estratégia.

Esses pilares são cruciais para escalar sua advocacia. Não vou me aprofundar em cada um pois daria outro livro, mas para dar continuidade ao nosso aprendizado, vou deixar uma aula gratuita explicando a importância de cada um deles. Acesse **www.andreluso.com.br/os-sete-pilares-do-advogado** ou utilize o QR Code ao lado.

Certa vez eu estava procurando uma agência de marketing para lançar[38] o AdvogadosdeSucesso.com, isso foi antes de ter a minha própria agência. Confesso que foi fácil encontrar agências, só que eu não entendia nada do que falavam sobre métricas e estratégias. Das quatro agências que contratamos, não tivemos os resultados buscados em nenhuma delas. Quero deixar claro que não estou generalizando e desmerecendo todas as agências de marketing. O meu foco aqui é que você deve entender a linguagem das agências, quais ferramentas usam, como funcionam e como escrevem de maneira mais persuasiva. Por isso, elenquei abaixo os sete pilares que você precisa se antenar na hora de fazer o lançamento de um serviço ou produto, ou seja, de sua carreira e serviços na advocacia.

São eles:

PRODUTO – FUNIL – GESTÃO – NICHO – TRÁFEGO – *COPY* – CONTEÚDO

PRODUTO

Quando falamos em produto aqui, estou me referindo aos serviços que você presta na advocacia. Qual a sua área de atuação e qual o seu nicho de

38 O lançamento de um produto é um momento muito importante para o infoprodutor. Muitas vezes, a estratégia é responsável por facilitar a decisão de compra do potencial cliente. Por isso mesmo a estratégia de lançamento de serviços ou produtos deve ser muito bem planejada, levando em conta o público e as expectativas de venda.

mercado? É exatamente com isso que você deve trabalhar e criar quantas oportunidades forem necessárias para aplicar a melhor estratégia em sua carreira. Já apresentei alguns casos para você se inspirar, inclusive o meu. O objetivo é desenvolver produtos estratégicos com foco na margem da sua advocacia, para que possa ser escalada acima dos 100 mil.

Exemplo de produtos que desenvolvi:

- Aposentadoria já: focado na prospecção de clientes que buscam segurança na aposentadoria;
- Como pagar menos energia: uma ação tributária para pessoas físicas e jurídicas que têm custos de energia acima de 800 reais por mês;
- Como proteger bens: oferecemos aqui o serviço de planejamento sucessório e holding;
- *Brazilian security*: o público-alvo aqui são estrangeiros que querem abrir ou comprar empresas no Brasil ou dar entrada no visto de investidor no país;
- Planejamento previdenciário na prática: focado em um processo de aprendizagem acelerado para os colegas advogados.

São apenas alguns exemplos de centenas que já criamos e que provavelmente estamos criando nesse exato momento.

FUNIL

Existe o que chamamos de funil de vendas,[39] que se divide nas cinco etapas da M.A.R.C.A. conforme falamos no Capítulo 4.

Existe também a arquitetura do lançamento, conforme a imagem a seguir, que fica por trás desse funil São duas coisas que se completam na prática, por isso existem diversos tipos de funil e arquiteturas de lançamentos que

---

39 O funil de vendas é uma estratégia de marketing que planeja os passos que um *lead* dá até adquirir o produto. Quanto mais você conhece a jornada do cliente, mais fáceis serão suas conversões.

você poderá implementar em sua advocacia. Na aula disponível, você encontrará a explicação de cada etapa de um funil de venda. Você não precisa queimar dinheiro em tráfego quando conhece o funil de ascensão de lucro. Veja a aula que disponibilizei para meus leitores e tente aplicar em sua advocacia.

Acesse **www.andreluso.com.br/os-sete-pilares-do-advogado** ou utilize o QR Code ao lado.

O funil da imagem a seguir tem o objetivo de fechar novos contratos para a ação de energia Tusd/Tusd.[40]

Dividi em seis estágios para entender o processo de arquitetura. No **estágio 1** é realizada uma campanha para diversas mídias sociais, inclusive para o Google, com o objetivo de atrair potenciais clientes que querem economizar energia e não sabem como. Foram usadas nove fontes de tráfego[41] para esse projeto. Direcionei essas campanhas para uma landing page (que já é o **estágio 2**), onde apresento, por meio de um vídeo gravado por mim e em texto com um *copy*[42] persuasiva, todas as informações sobre essa maneira de economizar na conta de energia.

40 Ação coletiva que busca declarar a ilegalidade da incidência do Imposto sobre Circulação de Mercadorias e Prestação de Serviços sobre as tarifas de transmissão (TUST) e distribuição (TUSD) de energia elétrica.

41 Uma fonte de tráfego é o site primário de onde os usuários saíram para chegar ao seu site. É importante conhecer as fontes de tráfego do seu público para saber refinar as próximas estratégias de marketing. MOLLO, M. F. O que é fonte de tráfego e qual dá mais resultado? **NoTopo.com**, 3 nov. 2020. Disponível em: https://notopo.com/blog/qual-fonte-de-trafego-do-site-gera-mais-resultados/. Acesso em: 12 maio 2021.

42 Técnica para escrever textos voltados para a área do marketing e vendas chamada de *copywriting*. Aqueles textos que vemos em e-mails, sites e anúncios são exemplos e são chamados de *copy*. VIEIRA, D. O que é copywriting: confira as principais técnicas e gatilhos para persuadir e vender com palavras. **Rockcontent**, 18 fev. 2020. Disponível em: https://rockcontent.com/br/blog/copywriting/. Acesso em 12 maio 2021.

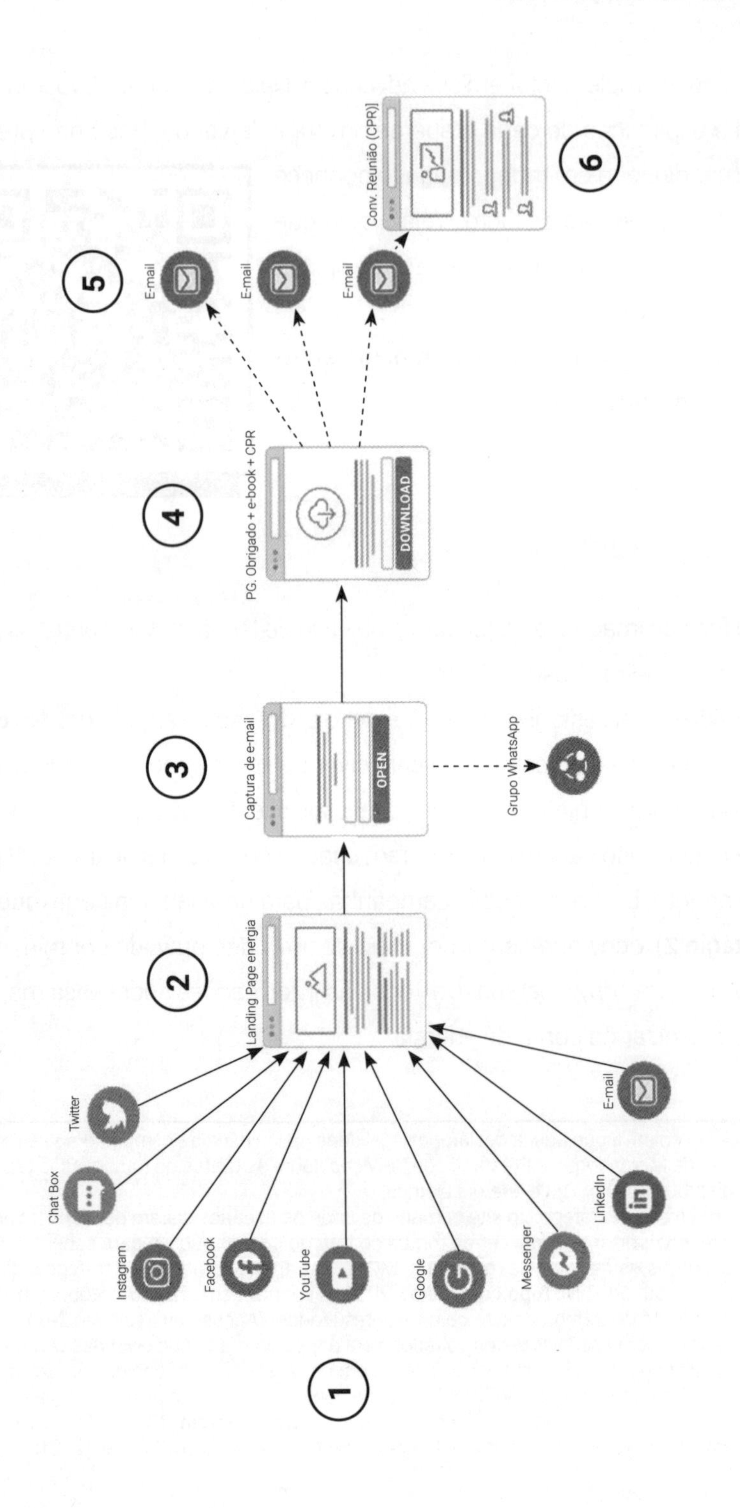
1
Instagram
Chat Box
Twitter
Facebook
YouTube
Google
Messenger
LinkedIn
E-mail
2
Landing Page energia
3
Captura de e-mail
OPEN
Grupo WhatsApp
4
PG. Obrigado + e-book + CPR
DOWNLOAD
5
E-mail
E-mail
E-mail
6
Conv. Reunião (CPR)

No **estágio 3**, convido quem está assistindo ou passou pela página a baixar um e-book informativo sobre o passo a passo e os documentos necessários para uma possível ação judicial. Para ter acesso ao e-book informativo, o *lead* tem que se cadastrar, autorizar receber meus conteúdos e ligações por telefone, ou seja, na fase 3 eu já tenho nome, e-mail e telefone desse potencial cliente, assim como ele também passou a ter minhas informações. E direcionamos ele para um grupo de WhatsApp.

Uma observação aqui: se tenho os dados do potencial cliente e ele tem os meus, significa que já é um contato. Daqui para frente eu já posso oferecer meus serviços. Só que o funil segue na estratégia ainda.

No **estágio 4**, a pessoa é direcionada para outra landing page, que agora é uma página de agradecimento, já com o e-book liberado para baixar. Só que nessa página é feito um convite para agendarmos uma reunião (CPR). Vale lembrar que isso tudo é automatizado.

Os clientes que já se decidiram por contratar o serviço e marcar a reunião são retirados desse funil e colocados em outro. Os demais seguem para o **estágio 5**, onde irão receber uma nova sequência de e-mails automáticos, também persuasivos.

No **estágio 6**, vem um novo convite para reunião (CPR) com os clientes que ainda não estão convencidos.

Vale lembrar que esse é um funil de porta de entrada. Outros funis vão se conectando pois estamos sempre testando para entender como iremos converter um cliente. Essa é uma das estratégias que utilizamos em nosso dia a dia e que ensinamos no curso Advogados de Sucesso.

GESTÃO

Sabemos da importância de gerir, treinar e comandar sua empresa e futuros colaboradores. Encare a sua carreira com seriedade e seu escritório como uma empresa grande, mesmo que seja só você por enquanto. Você sabe que isso não é nenhuma novidade, apenas faça, isso faz parte do processo de construção e vai permitir criar processos que irão aumentar a sua liberdade e o seu lucro futuramente. Fazer a gestão de todos os seus resultados em campanhas de marketing, além da gestão do escritório e da carreira, irá ajudá-lo a escalar mais rápido a sua advocacia.

NICHO

O nicho é uma parte específica de um mercado, mas deve-se considerar também o subnicho, que é uma parte ainda mais segmentada dessa seção do mercado. Vou mostrar aqui como escolher um nicho. Veja meu exemplo:

Dentro do mercado da advocacia, o meu nicho é o Direito tributário, e dentro dele há subnichos que exploro, como por exemplo o planejamento tributário, as defesas administrativas, a recuperação administrativa, as teses tributárias, a substituição tributária, o ISSQN na locação de bens, o ICMS entre outros que não citei e que ainda irão surgir.

A imagem abaixo exemplifica bem o que falamos agora.

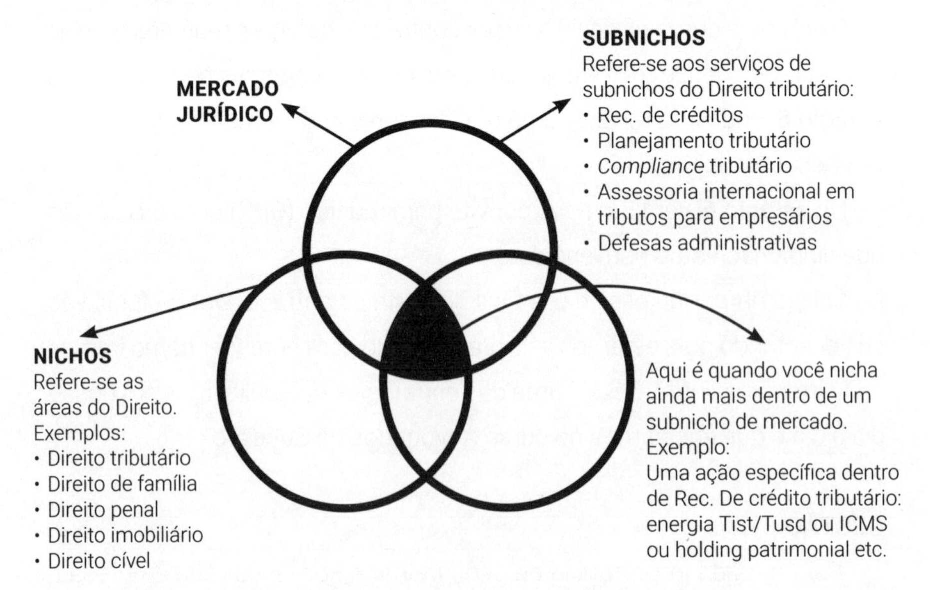

Existe ainda um subnicho dentro de recuperação de crédito tributário, que é quando eu escolho falar, exclusivamente, da recuperação de crédito de energia, que foi aquele exemplo de seis passos que já mencionei anteriormente.

O fato é que eu descobri nos subnichos uma estratégia para fazer 1 milhão de reais em honorários através de um mapeamento inteligente. E para exemplificar essa estratégia, acesse agora mesmo **www.andreluso.com.br/como-encontrar-clientes-na-advocacia** ou utilize o QR Code ao lado para assistir a essa aula.

Como escolher o seu nicho

O grande problema que vejo aqui é você querer falar com todo mundo. Quando quer falar para todo mundo, acaba não falando com ninguém. Pense no seguinte: quando vai levar seu filho ao médico, você procura um especialista, um pediatra nesse caso, certo? E no marketing e descoberta de nicho é a mesma coisa.

O próximo ponto agora é saber qual grupo de pessoas você quer ajudar. Com base nisso, você vai precisar descobrir também qual a dor dessas pessoas e, indo um pouco mais além, identificar se isso é uma dor mesmo ou apenas um incômodo para o cliente.

Veja, DOR é quando uma pessoa está urgentemente precisando de algo, é uma dor latente que deve ser resolvida com urgência, ainda que o cliente ainda não saiba disso.

Exemplo 1: uma pessoa que já cumpriu todos os requisitos para se aposentar, mas o INSS não concedeu a sua aposentadoria. Ele tem uma dor e sabe dela.

Exemplo 2: conheço muitas pessoas que alugam imóveis e recebem os valores em suas contas pessoais, em seus CPFs. O melhor aqui seria eles abrirem uma empresa para fazer a gestão desses imóveis, pois a tributação é muito menor. Eles não sabem que precisam de uma solução, é uma dor que ainda desconhecem.

Existem três regras para você escolher o seu nicho, vamos lá:

- **Regra 1**: defina com quem vai falar;
- **Regra 2**: jamais procure um cliente para seu serviço ou produto, mas um serviço ou produto para o cliente;
- **Regra 3**: utilize a estratégia P.H.D., ou seja, você precisa ter paixão (P) pelo nicho que escolher, assim como paixão para resolver o problema de um potencial cliente. Além disso, é necessário ter habilidade (H) naquilo que você faz e, o mais importante, precisa conhecer a demanda (D). Seu produto precisa ter busca, ter procura no mercado, essa é a demanda que venho falando. Esses são ingredientes especiais que, juntos com as perguntas a seguir, irão ajudar na descoberta de seu nicho.

Aqui estão as perguntas cruciais para te ajudá-lo a escolher o seu nicho. Acesse **www.andreluso.com.br/como-escolher-seu-nicho-na-advocacia** ou utilize o QR Code ao lado e obtenha um arquivo que vai ajudar na descoberta do seu nicho.

NO QUE VOCÊ É BOM?

SOBRE QUAIS ASSUNTOS AS PESSOAS MAIS CONSULTAM VOCÊ?

SOBRE O QUE VOCÊ MAIS GOSTA DE PESQUISAR NA INTERNET?

O QUE VOCÊ CONHECE EM SUA ADVOCACIA QUE PODE AJUDAR OUTRAS PESSOAS A CRESCEREM NELA?

QUE IDEIA VOCÊ JÁ TEVE QUE PODE MUDAR O MUNDO OU, PELO MENOS, A VIDA DE ALGUMAS PESSOAS?

QUAL SUA SEÇÃO PREFERIDA EM UMA LIVRARIA?

FAÇA UMA LISTA COM VINTE COISAS QUE VOCÊ SABE FAZER

DESSAS VINTE, LISTE AQUELAS ATIVIDADES QUE AS PESSOAS PAGARIAM PARA VOCÊ REALIZAR

Depois de responder, vá para a próxima etapa: avalie as atividades novamente e mantenha somente aquelas que você realmente gosta de fazer e se enxerga estudando e trabalhando pelos próximos cinco anos.

TRÁFEGO

Aqui será necessário dar uma visão geral para depois falar do tráfego pago, que é o assunto em questão. Acesse **www.andreluso.com.br/fontes-de-trafego-para-advogados** ou utilize o QR Code ao lado para obter uma lista com 64 fontes de tráfego para você conhecer.

Quando você visita um site qualquer na internet, seja ele um blog ou um e-commerce, foi o tráfego que o atraiu para lá. Os principais tipos de fontes de tráfego são: orgânico, pago, direto, por referência, social e o tráfego de e-mail.

O **tráfego orgânico** é aquele quando os mecanismos de busca levaram alguém até o conteúdo. Vale lembrar que esse tipo não pode ser a sua única estratégia, principalmente porque os resultados são a médio e longo prazo. Apesar disso, é fundamental usar essa estratégia.

Uma coisa que funciona muito bem aqui é você ter diversas páginas que falem sobre seus serviços na advocacia. Ter várias dessas landing pages, que são específicas para cada produto ou solução que você resolve para o público, são importantes para que você apareça em mais pesquisas e para que seu conteúdo seja considerado mais relevante. Veja alguns exemplos de landing pages da minha empresa:

- Uma landing page que fala apenas sobre como se divorciar com segurança: www.andreluso.adv.br/como-se-divorciar-com-seguranca;
- Uma landing page sobre como pagar menos energia: www.andreluso.adv.br/como-pagar-menos-energia.

Esses exemplos servem para demonstrar que podemos ter uma infinidade de páginas on-line para resolver os mais diferentes problemas de nossos clientes, de modo estratégico e inteligente.

Uma outra forma de trabalhar o tráfego orgânico é escrever em um blog conteúdos semanais para atrair novos clientes. O segredo aqui é escrever para seus clientes como se estivesse conversando, nada de textos formais ou técnicos demais.

Um detalhe importante aqui no tráfego orgânico é que você precisa ser encontrado nos mecanismos de busca, e para isso irá precisar usar palavras-chave em seus textos, pensar em títulos atraentes e entender um pouco de SEO (*Search Engine Optimization*), ou seja, otimização dos mecanismos de busca.

Vamos falar do **tráfego direto** agora, que considero pouco importante, mas também necessário numa boa estratégia. Esse tipo de tráfego é quando digitam nosso site direto na barra de pesquisa, quando você disponibiliza o link para seu site em uma *live* ou em um arquivo, ou até mesmo quando clicam direto em um link que você deixou no Instagram. A maior parte do tráfego não é direto e até difícil de rastrear, pois estará sempre maquiado pelos números do tráfego social e do pago.

Para aumentar sua audiência com esse tráfego, trabalhe bastante conteúdo, crie materiais e disponibilize para sua audiência ou até mesmo crie um aplicativo ou ferramenta on-line útil para potenciais clientes.

Já o **tráfego de referência** é aquele quando o link do seu site está em outro site ou em algum artigo, ou seja, as pessoas irão chegar em sua landing page ou site através dele. É sempre bom ter boas conexões para usar dessa estratégia, pois o algoritmo dos buscadores irá ajudar bastante ranqueando sua página para os primeiros resultados de busca.

A estratégia aqui para aumentar o tráfego por referência é participar de fóruns e comunidades em redes sociais, sempre deixando seu link lá. Uma outra é escrever conteúdos interessantes em seu blog e em outros canais e jornais on-line. Você pode também fazer parcerias com influenciadores digitais e, por último, parcerias com outros advogados, trocando links em suas postagens.

Entenda que é um conjunto de ações que parecem pequenas, mas que irão fazer uma grande diferença em seus resultados.

O **tráfego social** são todos aqueles acessos que estão vindo das mídias sociais, como Facebook, LinkedIn, Clubhouse, Instagram, YouTube, Pinterest etc. Em todas essas e outras mídias deixe sempre o link de seu site, blog ou landing page.

A forma de aumentar o tráfego social é realizando campanhas patrocinadas, gerar muito conteúdo (claro que sem perder a linha editorial) e aqui

O SUCESSO DO NEGÓCIO É PROPORCIONAL AO NÍVEL DE HABILIDADE QUE VOCÊ TEM PARA GERAR RESULTADOS.

também vale contratar ou fazer parcerias com influenciadores ou marcas. São diversas as estratégias. Estou citando apenas algumas.

O **tráfego de e-mail** é aquele que você cria campanhas de e-mail para sua audiência, ou seja, você já tem o e-mail da pessoa. Esse tráfego já foi o mais utilizado, mas não é hoje a principal estratégia em uma campanha. A taxa de abertura dos e-mails varia de 3% a 27% e as pessoas que clicam no conteúdo é menor ainda: de 1% até 5%. Você pode analisar que o índice de conversão é bem baixo, então o investimento é alto para obter uma boa lista.

Para aumentar o tráfego aqui, o ideal é ter métricas. Envie alguns e-mails em horários diferenciados para mapear o índice de abertura e cliques, isso irá ajudar a avaliar quais horários foram melhores para conversão.

Procure enviar sempre um conteúdo de bom valor, que agregue informação para sua audiência. Aqui o título do e-mail também será responsável pela abertura ou não. Pode não parecer, mas faz uma diferença enorme. Procure sempre criar e-mails criativos e aumentar essa lista de envios.

E agora o **tráfego pago**, que considero o mais importante e mais rápido para alcançarmos resultados na advocacia, principalmente porque podemos ter métricas o tempo todo. É possível rastrear cada passo do cliente em cada etapa de uma campanha e no funil de vendas.

São as famosas campanhas patrocinadas que fazemos no Facebook Ads, Google Ads, YouTube Ads e LinkedIn Ads. Vale lembrar que não existem somente essas, apenas considero hoje as principais. Com essas campanhas é possível aumentar o tráfego dependendo do seu orçamento. Você também consegue segmentar a audiência, criando anúncios e campanhas relevantes para cada nicho da sua advocacia.

COPYWRITING

Eu não tinha ideia do que se tratava essa palavra dentro do marketing digital lá em 2015. Esse conhecimento adquiri de lá para cá. O termo *copy* é uma abreviação da palavra inglesa *copywriting*, que para o marketing significa produzir textos com o objetivo específico de convencer o leitor a tomar uma decisão específica. Para Ícaro de Carvalho,[43] o *copy* pode ser descrito como a capacidade de transformar palavras em dinheiro, produzir interesse, em vez de propaganda.

Vejo da seguinte forma, a capacidade que você tem de criar *copys* de venda que levem as pessoas a contratarem você determina o seu estilo de vida na advocacia e na vida familiar.

Copys podem ser usados em construção de e-mails de relacionamento, campanhas para mídias sociais, campanhas no Google, no YouTube, na construção de landing pages, páginas de captura, na escrita de artigos, na padronização do atendimento ao cliente, na escrita de e-books, em respostas automáticas de chatbot[44] etc.

Você já leu aqui sobre as habilidades que precisará desenvolver. Lembre-se de uma coisa: ninguém nasce sabendo e você pode aprender a vender muito mais quando descobre as palavras certas que fazem as pessoas comprarem.

Tem dois fatos no livro *Copywriting Secrets*, de Jim Edwards,[45] que jamais esqueço e hoje compartilho aqui com você.

FATO 1: ÓTIMA ESCRITA PERSUASIVA = CULTIVE UM ESTILO DE VIDA INCRÍVEL, GANHE MUITO DINHEIRO E TENHA LIBERDADE.
FATO 2: ESCRITA POBRE = LUTE PARA SEMPRE E MORRA POBRE.

Agora vamos falar sobre o modelo A.I.D.A., que funciona muito bem para a advocacia.

---

43 CARVALHO, Í. de. **Transformando palavras em dinheiro**: 42 lições que ninguém ensina sobre *copywriting* e marketing digital. São Paulo: Buzz, 2020.

44 Chatbot é um robô programado com respostas automáticas que respondem às principais dúvidas dos clientes em um site, sistema ou ligação. Eles substituem o atendente humano nas interações mais simples. Saiba mais em https://resultadosdigitais.com.br/blog/o-que-e-chatbot/. Acesso em: 12 maio 2021.

45 EDWARDS, J. **Copywriting secrets**: how everyone can use the power of words to get more clicks, sales and profits... no matter what you sell or who you sell it to!. Powell: Author Academy Elite, 2019.

O que é AIDA (Atenção, Interesse, Desejo e Ação)

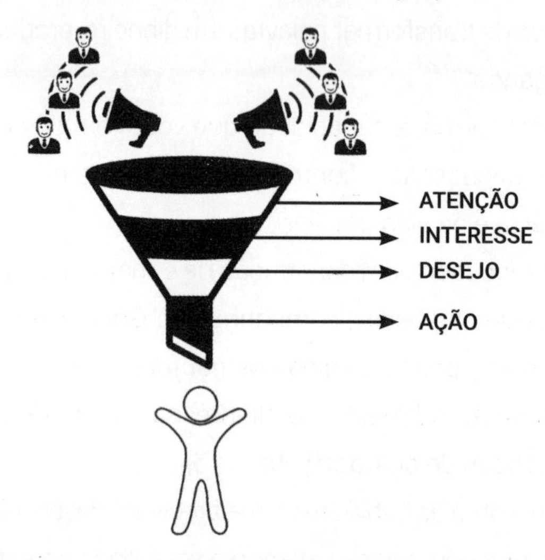

A ideia dessa metodologia é que todos passem pelo que chamamos da jornada do consumidor. Não adianta de nada você conhecer essa sequência sem saber quem é o seu público ideal[46] e sua persona,[47] aquele para quem quer vender seus serviços.

Exemplo 1: Sou advogado tributarista e o público que atendo são empresas que estão no lucro real e lucro presumido.[48] Ainda poderia definir mais aqui, focando apenas em distribuidores, frigoríficos, produtores rurais, donos de postos de gasolina etc.

Exemplo 2: Tenho alguns treinamentos para carreira jurídica, curso de marketing, oratória, de precificação de honorários, uma mentoria e o projeto

46 O público-alvo é uma representação mais ampla e geral dos clientes que você quer atingir. Ou seja, é composto por um segmento da sociedade que tem características em comum.

47 Pense na persona como um personagem que você dá características reais, como idade, gênero, desejos, interesses etc. Essas informações serão coletadas a partir das informações do seu público.

48 O lucro real é um regime tributário que apura o valor do lucro líquido, ou seja, a apuração é feita por meio da diferença entre receita, custos e despesas. Já no lucro presumido, como prevê o nome, presume-se uma margem de lucro sobre as receitas apuradas. Para comércio e indústria, o percentual é de 8% sobre as receitas, enquanto para as atividades de prestação de serviços a margem chega a 32%.

Advogados de Sucesso. Meu público aqui são advogados e advogadas. Se quisesse focar ainda mais, poderia trabalhar apenas com jovens advogados.

Fez sentido? Agora podemos ver cada palavra dessa sigla.

Atenção

O objetivo aqui é você chamar atenção da sua persona ou avatar sem que vire a pessoa chata das propagandas indesejáveis. A primeira etapa é fazer com que ela saiba que você e seu serviço existem. Em meus treinamentos sempre digo que devemos usar diferentes tipos de linguagem para convencer o avatar em vez de simplesmente obrigá-los a alguma ação. Em seus *copys* use textos, vídeos, áudios e imagens, afinal, você não sabe quem está do outro lado, por isso use de todas as armas. Importante nessa etapa é utilizar dores e desejos da persona para chamar a atenção.

Interesse

Vamos lá! Você já chamou a atenção de um possível cliente, ele parou o que estava fazendo e está prestando atenção em você. Nesse momento você deve despertar o interesse para que ele não vá embora. Utilize as DORES do avatar, fale quais são as dores dele e mostre o caminho para resolvê-las. É tocar na ferida mesmo.

Desejos

É nesse momento que a persona tem que ter aquele pensamento: "eu tenho que contratar esse serviço!". É aqui que vamos falar como resolver as dores.

Ação

Essa é a hora que interessa! A persona se inscreveu na sua lista, assistiu seu vídeo e comprou seu produto, agora seu trabalho é cativá-la para continuar adquirindo seus produtos.

Dentro da comunidade AdvogadosdeSucesso.com estão disponíveis dezenas de *copys* prontos, vou deixar dois modelos aqui para você usar como exemplo em sua advocacia. Acesse **www.andreluso.com.br/modelos-de--copy-para-advogados** ou utilize o QR Code ao lado.

CONTEÚDO

A produção de conteúdo hoje é o grande motor das estratégias digitais para escalar a sua advocacia. Se você pensar, é um movimento que já fazia há bastante tempo, só que sem estrutura ou qualquer estratégia em sua carreira.

O conteúdo é importante, mas deve ter um objetivo para ser alcançado. Como exemplo básico, vou dizer uma coisa que fiz em uma campanha específica no tributário:

Em uma campanha que fizemos em 2017 para atingir clientes empresários no estado do Rio de Janeiro, criamos uma persona desse cliente. Nosso objetivo era fechar mil ações tributárias em um segmento, apenas um tipo de ação. Durante noventa dias nosso conteúdo foi somente sobre esse assunto, só que em diversos formatos de entrega: e-mails, vídeos, lives, webinários, palestras e workshops. Conseguimos fechar setecentos contratos com honorários iniciais de 1,5 mil reais. Isso nos rendeu mais de 1 milhão de reais só de honorários de entrada. Foram sete dígitos em noventa dias de trabalho com apenas um nicho de mercado. Entende agora a importância do valor do conteúdo para potencializar a sua estratégia e fechar novos contratos?

Agora deixo seis dicas que considero essenciais na hora de produzir um conteúdo:

- Conheça seu público tão bem quanto o serviço que vai oferecer a ele;
- Seu conteúdo deve ser relevante;
- Transforme seus visitantes em clientes;
- Capture e-mails, nome e telefone de seus visitantes;
- Seja um guia para seu cliente, acompanhe-o até o pós-venda;
- Encante o cliente, isso vai possibilitar vender novamente para a mesma pessoa;
- Tenha métricas de tudo que está acontecendo para poder gerenciar melhor e ajustar suas estratégias lá na frente.

Já que tocamos no assunto de encantamento do cliente, veja também dezesseis itens que considero essenciais para você encantar o público logo de cara:

- Cuide da sua equipe;
- Conheça seu cliente;
- Tenha embaixadores;
- Surpreenda o cliente oferecendo algo a mais;
- Capacite sua equipe;
- Seja ágil para atender e oferecer excelência no atendimento;
- Invista em profissionais de *customer success*[49] com a intenção de encantar e fidelizar os clientes;
- Não julgue pela aparência;
- Domine o que você faz;
- Tenha postura profissional;
- Seja pontual;
- Use tecnologia a seu favor;

---

49 Estratégia que busca manter seu cliente satisfeito por mais tempo e, assim, gerar mais receita. É a satisfação do cliente no pós-venda, seja por conta da qualidade do produto, do atendimento, nas vantagens oferecidas etc. Saiba mais em: TUDO sobre Customer Success: o que é, principais métricas e muito mais [BÔNUS: curso gratuito]. **Resultados Digitais**, 30 jun. 2020. Disponível em: https://resultadosdigitais.com.br/blog/o-que-e-customer-success/. Acesso em: 16 maio 2021.

- Use e abuse da simplicidade e da clareza;
- Concorrente é qualquer outro prestador com o qual o cliente o compara;
- Esteja atento aos detalhes;
- Tenha múltiplas fontes de escuta.

A PRODUÇÃO DE CONTEÚDO HOJE
É O GRANDE MOTOR DAS
ESTRATÉGIAS DIGITAIS PARA
ESCALAR A SUA ADVOCACIA.

CAPÍTULO 8

SUA CARREIRA PODE SER MAIS

Todo guerreiro já ficou com medo de entrar em combate.

Todo guerreiro já perdeu a fé no futuro. .

Todo guerreiro já trilhou um caminho que não era dele.

Todo guerreiro já sofreu por bobagens.

Todo guerreiro já achou que não era guerreiro.

Todo guerreiro já falhou em suas obrigações.

Todo guerreiro já disse SIM quando queria dizer NÃO.

Todo guerreiro já feriu alguém que amava.

Por isso é um guerreiro; porque passou por estes desafios e não perdeu a esperança de ser melhor do que era.[50]

Há quanto tempo você estava insatisfeito com seus resultados na advocacia?

Sim, perguntei no passado porque agora isso não precisa mais fazer parte da sua vida. Passamos boa parte do tempo defendendo os direitos de nossos clientes e não percebemos que estamos deixando de viver experiências e construir uma vida extraordinária na advocacia.

Depois desta leitura você já sabe o que é possível e o que está por trás de uma carreira de sucesso. Você percebeu também que o poder para a

50 Adaptação do trecho de: COELHO, P. **Manual do guerreiro da luz**. Rio de Janeiro: Sextante, 2013.

transformação está dentro de você e, se chegou até aqui, tenho certeza de que tem toda a condição de chegar mais longe e fazer diferente.

Você não precisa mais sofrer, nem ficar perdido procurando soluções desesperadas na internet ou se inspirando em pessoas que não construíram resultados positivos. A vida é muito curta para ser vivida em vão, sem brilho nos olhos, sem dignidade, sem felicidade. Sua realização profissional não pode depender de fatores externos que irão tentar atrapalhar.

QUAL O COMPROMISSO QUE VOCÊ ASSUME COM SUA HISTÓRIA AGORA?

O QUE VOCÊ VAI DIZER A SI MESMO SOBRE TODO DESAFIO QUE TEM PELA FRENTE?

Este é um momento único em que você pode fazer a diferença em toda sua vida profissional e na daqueles que ama e lhe amam de verdade.

Você tem agora o conhecimento que ajudou centenas de advogados e advogadas, informações que são necessários para o seu sucesso também.

E, verdadeiramente, talvez isso fosse tudo o que faltava para iniciar a sua transformação.

Você aprendeu neste livro que pessoas precisam de pessoas, que relacionamento é poder, que a jornada não será fácil, mas que é possível. E que com você não é diferente.

Acredito que você já tenha passado por muitos desafios na vida, suportou mais do que acreditava ser possível, assim como eu passei e como os estudos de caso de nossos colegas também mostram.

Apesar disso tudo, você está aqui comigo e com todos por trás deste livro, estar aqui é uma conquista sua, é uma vitória.

Você também é um guerreiro.

Em certo momento eu disse que só você sabe a sua história, perguntei qual é o seu jogo, e disse que só você conhece os seus desafios, lembra disso? O mais importante agora é que você chegou até aqui.

Lembre-se do que você escreveu no início. Você se comprometeu, não comigo, mas com você mesmo, a chegar aqui, até as últimas páginas, e cumpriu. Mais uma vez você provou para sua mente que pode alcançar tudo que quiser.

Obrigado por ter se comprometido comigo até o fim com esta leitura. Sei que, às vezes, o livro pode ter caído em seu rosto ao ler na cama, mas estávamos ali juntos, somos guerreiros. Eu espero um dia poder encontrar você e ouvir como transformou a sua vida depois dessas páginas.

Me chama em uma *live,* compartilha seus insights comigo! É isso que me motiva todos os dias, transformar vidas através de exemplos, *cases* reais, estratégias e mudanças de comportamento.

Desejo a você toda a felicidade, saúde e sucesso em sua jornada.

Sua carreira pode ser mais!

EU ESPERO UM DIA PODER ENCONTRAR VOCÊ E OUVIR COMO TRANSFORMOU A SUA VIDA DEPOIS DESSAS PÁGINAS.

E AGORA? QUER SABER O PRÓXIMO PASSO?

Agora que terminou este livro, garanta sua vaga na minha *masterclass* (aula on-line) para descobrir o que mais o impede de faturar sete dígitos.

Esse treinamento é on-line, gratuito e acontece apenas quatro vezes ao ano.

Para ser avisado o quanto antes, já se cadastre acessando o link: **www.andreluso.com.br/masterclass** ou utilize o QR Code ao lado.

Para você que gostou de todo o meu conteúdo, ficaria eternamente grato se você puder acessar o Facebook ou o Instagram e deixar um depoimento falando o que mais marcou você na leitura, com uma foto sua segurando ou lendo o livro. Minhas mídias sociais estão na contracapa, criei este livro para VOCÊ e seu depoimento é o que me motiva a continuar!

Forte abraço.
Gratidão sempre.

Este livro foi impresso pela Edições Loyola
em papel pólen bold 70g em junho de 2021.